Musik och lärande i barnets värld

YLVA HOFVANDER TRULSSON
ANNA HOUMANN
(RED.)

Studentlitteratur

Art.nr 37153
ISBN 978-91-44-08558-6
Upplaga 1:1

© Författarna och Studentlitteratur 2015
www.studentlitteratur.se
Studentlitteratur AB, Lund

Översättare: Nils-Martin Lundsgård (kapitel 1, 6, 9, 10)
Omslagslayout: Jens Martin/Signalera
Omslagsbild: Zurijeta/Shutterstock.com

Printed by Interak, Poland 2015

INNEHÅLL

Förord 7

Del 2 Hur kan musik och lärande se ut?

FÖRORD

Inom svensk förskole- och lågstadiekultur finns en dominerande föreställning om att skapande verksamhet är bra och viktig för barn. De flesta säger att barn måste få leka, fantisera, måla och sjunga. Det finns en stark norm som lyfter fram detta. Men hur gör man det? Hur ser den praktiken ut? Efter att under många år ha varit ute i förskolor och skolor med lägre årskurser och bedrivit och studerat forskning där, tycker vi att ett av problemen är "[...] att jag inte säger det jag menar och att jag inte gör det jag säger att jag ska göra" för att uttrycka det med Martin Bubers ord (1951/1996, s. 35), vilket kan innebära att vi som lärare säger att barn får musicera fritt, samtidigt som vi har bestämda krav på hur det ska gå till och på resultatet när aktiviteten tar slut. Vi vill lita på att barnen kan lösa en uppgift på egen hand, men samtidigt detaljstyrs aktiviteten. Vi säger till barnen att alla kan sjunga och spela, men tycker vi att vi kan det själva? Vi säger att nu ska vi ha musik, men ägnar sedan större delen av tiden åt att tala med barnen om musikaliska begrepp. Det händer inte sällan att pedagoger säger en sak och gör en annan.

När det gäller musik och andra estetiska/konstnärliga ämnen är fallgroparna större än i övriga fackämnen eftersom myten om medfödd förmåga är mer utbredd här. Det innebär en föreställning om att matematik lär man sig, medan musikalitet är något man föds med. Vägen är lång mellan det lilla barnets spontana lust att dansa, sjunga och måla till den osäkre vuxne som generat säger att hen inte kan. Estetiska ämnen, liksom alla andra ämnen, kräver tid, möjligheter att leka, göra och repetera. Genom kreativa element i all undervisning får barnet erfarenheter av eget musikskapande, av att vara en aktör som utvecklar och reflekterar. Denna erfarenhet vill vi ge alla barn, inte bara dem med föräldrar som kompensatoriskt kan betala privatlektioner eller avgifter till kulturskolan. I flera nationella utvärderingar framkommer att barn och unga i dag upplever en brist när det gäller undervisning i de konstnärliga ämnena. Många barn vill ha mer av musik och skapande, inte primärt för att de blir bättre i andra ämnen tack vare musiken, utan för att de mår bra av att skapa, sjunga och spela. Det avspeglar sig även inom fritidslärandet där köer till kulturskolor är årslånga och där de tekniska möjligheterna genom appar har exploderat och skapar nya kanaler till eget musikskapande.

Den här boken bygger på olika forskares och praktikers erfarenheter av musik i förskola och skola. Boken utgör en slags närgången beskrivning av den estetiska praktiken, som säger något om vad vi i vår kultur vill överföra i form av kunskaper och värderingar till våra barn när det gäller musikskapande; och här ska på en gång sägas att variationen är stor. Vi påstår varken att det finns *ett* sätt att göra det på eller att det görs på *ett* sätt. I den här boken beskrivs både framgångsrika och mer problematiska musikaliska aktiviteter. Jämförelsen kan fungera som en utgångspunkt för diskussion om varför det ena projektet fungerar men inte det andra. De "framgångsrika" aktiviteterna kan också vara en källa till inspiration. När det gäller de problematiska aktiviteterna kan man genom att granska genomförandet och barnens reaktioner få information om vad det är som går snett utifrån barnets perspektiv. Vår definition av problem bygger på barnens reaktioner. Det är när barnen visar osäkerhet inför uppgiften, eller har svårigheter att genomföra den, som det uppstår ett pedagogiskt dilemma.

Förhoppningen är att dels med hjälp av de teoretiska verktyg vi presenterar i boken, dels genom läsning av de empiriska studierna och exemplen öka uppmärksamheten för vad som egentligen sker i olika musikverksamheter i blandade åldrar. Boken beskriver också aktörer runt barnen, som förskolelärare, lärare, föräldrar och annan pedagogisk personal. Den kan också utgöra en bra grund för reflekterande, som i sin förlängning kan utveckla musikaliska verksamheter i en riktning där barnet är aktör, både som sändare och mottagare.

Musik är ett kommunikationsmedel som ger glädje och sätter fingret på barn och ungas berättelse om sig själva, livet och identiteten.

I denna bok finns författare från Sverige, Storbritannien, USA, Island och Norge. Den utveckling vi ser i vårt land med minskade resurser för estetiskt lärande har tyvärr stora likheter med utvecklingen i andra delar av västvärlden. Första delen av boken heter därför "Varför musik och kreativitet?". Den frågan försöker vi besvara med följande bokkapitel: Pamela Burnards "Kreativ musikundervisning för barn i förskolan och grundskolan", Stina Abrahamsson och Stina Wennbergs "Rösträtt – barns rätt till sång på barns villkor", Ylva Hofvander Trulssons "Musikens betydelse för integration", Anna Houmanns "Plats för kreativitet" och Ulla Wiklunds "Musik för alla barn?".

Andra delen av boken tittar närmare på hur musik och lärande kan se ut. Detta görs genom Ingeborg Lunde Vestads kapitel "Musik skapar ögonblick – om musik och mening i ett barnkulturellt perspektiv", Anna Ehrlins kapitel "Musik i förskolan", Ylva Holmbergs "Aktörskap i musikstunden", Edel Sanders "Kan musikaliskt lärande hjälpa barn att förstå matematik?" och Helga Rut Gudmundsdottirs kapitel "Musikalisk kompetens i början av livet – uppfattningsförmåga, kognition och kommunikation".

Malmö 20 januari 2015

Ylva Hofvander Trulsson och *Anna Houmann*

DEL 1

Varför musik och kreativitet?

KAPITEL 1

Kreativ musikundervisning för barn i förskolan och grundskolan

PAMELA BURNARD
ÖVERSÄTTARE: NILS-MARTIN LUNDSGÅRD

Musik spelar en viktig roll i barndomen. Som skolämne förtjänar musik att undervisas skickligt och grundligt, som en nödvändig del av vad barnen har rätt till i grundskolan. Dagens lärare ska inte känna sig splittrade och osäkra på sin förmåga att undervisa i musik utan lita på att de har stora möjligheter att främja barnens musikaliska och kreativa förmågor. Det finns i dag ett spektrum av forskningsresultat i linje med FN:s konvention om barns rättigheter[1], vilken beskriver de syften det första utbildningsstadiet bör ha och vilka värderingar det bör omfatta. Forskning om barn och lärande visar på vikten av en läroplan och en läromiljö där konst och kreativitet i allmänhet och musik i synnerhet, är centrala för att uppnå en effektiv grundskoleutbildning (Alexander 2010).

För att kunna undervisa i musik, vare sig det sker för sig eller kombinerat med andra ämnen, och för att kunna passa in den i skolans dagliga liv, krävs det självförtroende hos läraren för att kunna utveckla en pedagogik som är baserad på repertoar snarare än recept och på principer snarare än föreskrifter. Detta är något som bör implementeras på ett flexibelt och kreativt sätt och vara specifikt inriktat på barnens behov under de första skolåren. Denna pedagogik bör sörja för en bred och balanserad undervisning som involverar skolgemenskapen och skapar kontakt med omgivningen.

Ingen skulle säga emot det faktum att barnet ska stå i centrum för utbildningsprocessen. Samtidigt tyder mycket på att verkligheten inte ser ut så. Det borde inte finnas någon ämneshierarki, men vissa ämnen tilldelas mindre tid än andra, och ett av dem är musiken. Detta kan se olika ut i olika länder, men det är av stor vikt att försäkra barnens rätt till musik i grundskolans läroplan

---

1 Alla barn kan och bör få dra nytta av en bred, äventyrlig och kreativ kulturell utbildning.

och se till att musiken verkligen inkluderas i den dagliga verksamheten. Musik, liksom andra estetiska uttrycksformer, är viktigt eftersom barn finner en enorm glädje i att delta i musik, och kulturen är det som definierar dem (Campbell 2002).

Barn tycker att det är roligt att hålla på med musik. Detta gäller oavsett om de intar rollerna som utövare, kompositörer, improvisatörer, sångmakare, notskrivare eller publik eller om de deltar i olika genrer av barns musiklekar (Marsh & Young exemplifierar sådana som en central princip för kreativ undervisning i sitt kapitel om musiklek i McPherson 2006). Sånglekarna utgör en del av en muntlig tradition, utförs spontant och innefattar element av text, musik och rörelse. Barn använder musik för att främja sitt emotionella och sociala välmående och blir därmed bärare av kultur och gemenskap som på så sätt både roar och hjälper dem att förstå sig själva och omvärlden, oavsett om de skapar sin musik ensamma eller tillsammans med andra. De tar själva initiativ till musikaliska aktiviteter och stimulerar sin fantasi, antingen individuellt eller med en grupp kompisar eller i familjen.

Trots sådana positiva upplevelser i barndomen finns det många lärare som har negativa associationer till musik och kreativitet. Ett av den här bokens mål är att uppmuntra lärare och ge dem möjlighet att reflektera över sin undervisning och hitta ett mer kreativt sätt att undervisa i musik i de tidiga skolåren.

Det finns ett annat sätt

I vår alltmer digitaliserade tid exponeras vi för musik överallt, både avsiktligen och oavsiktligen. Barn laddar ner filer från internet och ägnar sig åt tv-spel. De tittar och lyssnar på musikvideor, går på konserter, hör musik i köpcenter och leker musiklekar på lekplatsen eller i andra fritidssammanhang. De deltar i mångsidiga gemenskaper inom sina sociokulturella sammanhang. Musiken genomsyrar barnens liv där inte bara vaggvisorna vid läggdags och sångerna i leken kommer till uttryck, utan även nya populära fenomen som smarta telefoner, läsplattor, tv-spel och den teknik som finns i många vardagsrum. Det finns forskning som pekar på att musik i bemärkelsen musikalitet (kunna tolka och uttrycka sig med hjälp av musik) är något medfött och att musikaliska förmågor liksom kreativitet inte är något som enbart finns hos ett begåvat fåtal (Barrett 2006). Musiken tar sig en mängd olika former i våra liv och inte bara för ett fåtal utan för alla, den förbättrar och berikar avsevärt vår förståelse av oss själva och vår värld. Musiken har kraft att lyfta oss ur det vardagliga, att förhöja våra upplevelser bortom det alldagliga och det banala.

Vi måste ifrågasätta de myter som ligger bakom föreställningarna om vem som kan och vem som inte kan spela och musicera. Vi måste utforska hur lärare bör undervisa i musik på ett kreativt sätt under de tidiga skolåren, och stärka denna förståelse bland andra lärarkategorier. Precis som med andra ämnen i grundskolans läroplan, är kunskapen om hur man undervisar i musik och hur man gör det på ett kreativt sätt varken bestämd eller mätbar som "en" förmåga. Tvärtom kan barnens kapacitet att lära sig musik aktiveras och utvidgas i all dess rika variation och komplexitet genom kreativ musikundervisning som innehåller upplevelser och möjligheter som främjar djupt engagemang. Dessa upplevelser ska fungera som igångsättare och utrusta dem med kreativitet, motivation, mod och tro på sin egen förmåga *som musikaliska tänkare, musikutövare och musikskapare.* Jag argumenterar i det här kapitlet för att kreativ musikundervisning kräver att läraren engagerar sig kreativt, samarbetar med barnen och undervisar barn utan att hämma dem med stämplingar om att ha talang eller inte talang (Robinson & Azzam 2009).

Tack vare forskning vet vi i dag vad barnen behöver i sin tidiga skolgång. De behöver få möjlighet att bygga upp sin sociala förmåga, sitt språk och sitt självförtroende. Detta gör de bäst genom strukturerad lek och strukturerat talande, genom att interagera med varandra och med intresserade och stimulerande vuxna. Lärarna kan underlätta den kreativa musikundervisningen och samtidigt främja barnens musikaliska kreativitet genom att arbeta med barnen och aktivt lära ihop med dem.

De kan också tillsammans med barnen göra val och fatta beslut om hur de ska uttrycka sig själva på ett effektivt sätt som artister, sångmakare, kompositörer, improvisatörer och lyssnare i en kreativ kontext där musiken utgör kärnan. Lärarna behöver vårda den starka positiva känslan av att de är kompetenta, komplexa och kreativa människor som klarar att axla en av huvudrollerna i en samarbetsinriktad lärandegemenskap. De behöver inse att de har kraft att utveckla sig själva genom att bygga en gemenskap av starka lärande individer.

Lärarna behöver vara nyskapande och leda upptäckandet i en miljö full av möjligheter. För att åstadkomma detta, behöver de avfärda myter och konfrontera gamla övertygelser, både på ett individuellt och på ett kollektivt plan. Hela skolpersonalen behöver dag efter dag arbeta tillsammans med att skapa sin vision för grundskolans läroplan. En sådan vision innefattar att man utvecklar praktiker och pedagogiker i vilka lärarna och barnen fantasifullt engagerar sig, gör kopplingar, tar risker och gör förändringar tillsammans. Elliot Eisner (2004 s. 10) gav i John Dewey-föreläsningen "What can education learn from the arts about the practice of education" år 2002 på Stanforduniversitetet detta inspirerande råd till lärare som ser utveckling av kreativitet som något utmärkande för sin undervisning:

> [...] större fokus på att bli än att vara, sätter större värde på det fantasifulla än det faktabaserade, ger större prioritet till värdering än till mätning och ser resans kvalitet som mer utbildningsmässigt betydelsefull än hur snabbt destinationen nås. Jag talar om en ny vision av hur undervisningen kan komma att vara och av vad skolor är till för.

I det här kapitlet diskuterar jag hur både lärare och elever kan komma att se varandra på ett nytt sätt, såväl individuellt som kollektivt, och därmed arbeta tillsammans för att lägga grunden för en *förändringskultur* i hela skolan. Målet med en sådan förändringskultur är att lämna användningen av förmågebaserade stämplar därhän och i stället skapa möjligheter att lära av kvalitativa, förutsättningslösa och autentiska musikaliska upplevelser och därigenom bidra till ökat självförtroende och ökad kompetens. Genom att sjunga och leka, lyssna noga och prata om musikskapande kommer barnen att bygga upp den fallenhet som är typisk för *effektivt musikaliskt lärande*, såväl formellt och traditionellt som informellt och icke-traditionellt. Jag framhäver särskilda kännetecken som visar hur de krafter som påverkar det gemensamma musikskapandet genereras socialt i klassrummens gemenskaper. Vidare gör jag en översikt på hur man tillsammans kan utveckla principerna för kreativt musikaliskt lärande och nå konsensus kring den frihet som krävs för att kunna undervisa musik på ett kreativt sätt. Detta förutsätter utveckling och utformning av kreativt inriktade aktiviteter som ger utrymme att utforska såväl barnens som lärarnas kreativitet. I det följande överblickar jag hur det går att undervisa *på ett kreativt sätt* och att undervisa *för kreativitet* i musiken så att:

- de viktigaste beståndsdelarna av barnens kreativa musikskapande kan utvecklas
- barnen tar initiativ till, genomför och "kontrollerar" en musikalisk praktik – antingen som utövare, kompositörer, improvisatörer, notskrivare, lyssnare eller tänkare
- musiken i sig kan definieras inom de parametrar som utgör dess praktikgemenskap, så som denna utvecklats i grundskoleklassrummet.

BARRETT 2006

Att utveckla en egen musikpedagogik och egna musikaliska principer

Kreativ musikundervisning innebär inte att låta bli att förmedla den kunskap, de förmågor och den förståelse av ämnet som krävs, oavsett om det är allmänna eller specialiserade lärare som har hand om undervisningen. Det handlar snarare om att utveckla musikaliska förmågor och att utveckla kunskaper om musik i kreativa kontexter som uttryckligen bjuder in eleverna att använda fantasin och till fullo utnyttja sina produktiva och värderande färdigheter.

Kreativa lärare genererar kreativitet. De arbetar med de verktyg och resurser som de fått för att kunna utvidga barnens musikaliska lärande. Både UNESCO och FN:s konvention om barnets rättigheter erkänner vikten av kreativitet och lyfter fram lärarnas roll i att främja barnens musikaliska kapacitet att göra mentala kopplingar, ta risker och förnya sig.

Men vad menas med att *undervisa för kreativitet* och att *undervisa i musik på ett kreativt sätt*? Vad kan vi, som lärare och som samhälle, lära oss av att lyssna på barnens röster, observera deras upplevelser i kreativa handlingar och skapa tillsammans med dem? Lärare kan vinna mycket på att lyssna på barnens egna initiativ, lära sig om att undervisa för kreativitet och tillsammans med barnen undervisa i musik på ett kreativt sätt.

Först kommer dock frågan om hur vi ska se på kreativiteten. I Storbritannien ska lärare enligt politiska riktlinjer, "lära ut" kreativitet till alla individer. Vilka fördelar finns det för elever, och för lärare, som får kreativiteten att blomstra på riktigt när de undervisar i musik i klassrummen? Att få barnen att delta musikaliskt och kreativt, innebär i praktiken att ge dem tillfälle att fatta beslut och att lärarna och barnen skapar musik tillsammans. Såväl barn som lärare och skolor tjänar på detta kreativa engagemang.

FÖRDELAR FÖR BARNEN

- De utvecklar en praktisk, principiell och positiv känsla av medinflytande och handlingskraft.
- De utvecklar sin nyfikenhet och förmågan att skapa och tänka nytt med musiken.
- De utvecklar musikaliska förmågor och utökar sin kapacitet som musiker.
- De bygger upp den fallenhet som är typisk för starka autonoma lärandemiljöer i musik.
- De får möjlighet att skapa ett gemensamt språk för kreativt görande med musik.
- Lärarens kreativa inblandning garanteras.

FÖRDELAR FÖR LÄRARNA

- De får uppleva ett sätt att lära och arbeta tillsammans med barnen för att åstadkomma förändring.
- De får bygga och utveckla tillfällen till musikaliskt engagemang.
- De ökar sitt musikaliska självförtroende, sin musikaliska kompetens och sin musikaliska kreativitet.
- De får insikter som förbättrar och stöder deras yrkesmässiga utveckling.
- De utvecklar praktiker som förbättrar livet för alla.

FÖRDELAR FÖR SKOLORNA

- Det skapas en utbildningsvision som baseras på barnen och på lärarnas kapacitet att utveckla en musikalisk lärandemiljö som möjliggör kreativitet för alla genom kollektiv handling.
- Det skapas en vision som styr skolans utveckling.
- Barnens och lärarnas förmåga att lära som delar av en lärande-gemenskap förbättras och förstärks.
- Läroplanen diversifieras med tydliga åsikter om musikundervisning som kommer till uttryck i alla aspekter av livet i skolan.
- Det utvecklas en kreativ grund och en musikalisk identitet för skolgemenskapen.

- Pedagogiken och läroplanerna omformas för att inkludera gemensamma värderingar om kreativ musikundervisning och beröm åt lärarnas klassrumspraktiker.

Att utnyttja lärares och barns musikalitet, kreativitet, nyfikenhet och entusiasm i kollektiv handling kan vara mycket kraftfullt för att åstadkomma förändring i skolgemenskaper. Man förmodar att musikalitet och kreativitet endast finns hos vissa lärare och barn snarare än att det rör sig om mänskliga resurser som finns hos alla som är öppna för att utveckla sig.

Praktikens pedagogiska principer

Det är viktigt för lärare att klarlägga såväl sina egna som barnens åsikter om musik (för vissa, i grund och botten en slags diskurs, en kulturell praktik, ett sätt att lära sig, relaterat till känslolivet) och kreativitet (för vissa, i grund och botten att bilda nyskapande idéer). De måste också klargöra vad dessa åsikter innebär för dem när det gäller undervisning och lärande, både för skolgemenskapen och olika delar av läroplanen. Det finns ett flertal frågor som är hett omdiskuterade: hur viktig musik och kreativitet är för individen, musikupplevelsens symboliska form, vad som är viktigast av processen kontra produkten, hur inflytelserika individuella komponenter som elevens personlighet, fallenhet och lärstilar är, vilken roll förmågor, kunskap och miljömässiga faktorer spelar och vilken vikt som ska läggas på olika aspekter av den musikaliska aktiviteten såsom material, uttryck, form och värde. Dessa frågor återkommer jag till. Som Barrett (2006 s. 205) skriver är en av nyckelfaktorerna "i alla diskussioner om barns kreativitet huruvida barnkultur ses som utpräglad, modererad och utvecklad genom barnens aktörskap eller som en vuxenreglerad föregångare till vuxenkulturen". När lärare engagerar sig som lärande (och musiker) jämte barn får de en chans att se hur barnen aktivt engagerar sig i sina världar. Lärarna lär sig att lita på såväl sin egen kreativitet som barnens och blir medvetna om tillfällen där barns musikskapande ses som en aktiv agent som internaliserar vuxenvärldens strukturer och återskapar dessa på nyskapande och kontextbundna sätt snarare än att barnen passivt konsumerar kultur skapad av vuxna.

Kreativiteten är som koncept mycket omfattande och dess betydelse skiftar i samma takt som kulturella kontexter och förutsättningar förändras. En brett accepterad definition av kreativitet inbegriper att skapa färdigheter som är relevanta för domänen och processer som är relevanta för kreativiteten. Kreativitet innefattar att skapa en originell (nyskapande, oväntad) och användbar (passande) produkt, vilket gäller både idéer och konkreta objekt. De som skapar nya och användbara produkter är kreativa personer, och när en sådan produkt skapas äger en kreativ process rum. Personliga och miljömässiga överväganden är nödvändiga för att den mänskliga kreativiteten ska gå att förstå. Den sociala miljön är fundamental i Csikszentmihalyis (1997) systembaserade syn på kreativitet. Han menar att en individ som ska vara kreativ måste lägga egen kraft på att skapa en produkt som sedan värderas som kreativ av andra experter inom det specifika området, och att den kreativa processen eller skapandet i sig för med sig en viss förändring av den domän som den/det träder in i. Kreativiteten utgörs alltså av interaktionen mellan och tvärs över domänen, fältet och personen. Därför är både personlig och social kreativitet viktig.

Kreativiteten växer fram när barnen aktivt engagerar sig i att utforska idéer, tar initiativ till sitt eget lärande och gör val och fattar beslut om hur de ska uttrycka sig själva med olika ljud och praktiker, såsom att hitta på nya sånger eller andra sätt som barn gör originell musik på. Kreativiteten innebär i grund och botten förmågan att reagera kreativt och kommer fram när barnen utför fantasifulla aktiviteter vilka leder till kreativa produkter som bedöms vara nyskapande, originella och oväntade.

Med utgångspunkt i Csikszentmihalyis systemsyn på kreativitet (1997 s. 330, diskuteras i Burnard 2006) kan kreativiteten ökas och förbättras avsevärt genom att ändra fältet, det vill säga klassrummet, så att det görs lyhördare och öppnare för nya idéer och genom att försäkra att samhället, det vill säga undervisningskontexten, klassen, ges möjligheter att delta i större utsträckning, att fältet ses som en del av ett bredare socialt system. Kreativiteten kommer också fram ur samspelet mellan individer som samarbetar genom att hantera, skapa och förädla något i en *"domän"* (till exempel barns musikskapande). Experterna inom *fältet*, som fungerar som portvakter som stöder och besjälar ovannämnda domän, är i kontexten som utgörs av grundskolans klassrum, och de praktiker som ryms däri, vanligtvis lärare som bedömer det barn eller andra elever producerar. Resurser, det vill säga tid, rum, mål och gruppstorlekar, är ett sätt att visa vilken investering som gjorts i den kreativa produktionsprocessen och värderingen av denna.

Med bakgrund i Malloch och Trevarthens (2009) arbete är det tydligt att studiet av spontanitet i barndomens musikalitet och musikaliska lärande och barns kreativa och musikaliska strävanden härrör ur en syn på kreativitet som ser barnens medinflytande och musikaliska kultur som praktiker som kan vara av hög kvalitet och meningsfulla (Robinson & Azzam 2009). Under lektioner med lite eller ingen kreativitet inblandad presenteras idéer eller uppgifter som redan är färdigutvecklade eller som följer någon allmänt föreskriven metod. Lärarnas kreativitet spelar roll för barnens kreativa engagemang och kreativa strävanden medan lärarnas självförtroende är en nyckelfaktor i den kreativa undervisningen – tron på att de också är kreativa och kan generera kreativitet. Kreativitet kan vara närvarande, eller inte vara det, i alla musikaliska situationer. Det kan finnas en kreativ infallsvinkel till varje situation, men situationen är inte tvunget kreativ i sig. Musikalisk kreativitet är dock ofta sammankopplad med komposition och improvisation.

För att kunna främja musikalisk utveckling måste lärarna konstant sträva efter att uppmuntra och hjälpa barn att reagera kreativt när de kommer i kontakt med musik. Den kreativa responsen är inte något separat som bara händer vid vissa tillfällen och inte vid andra, utan snarare något som måste pågå hela tiden. Det är endast då som vi kan göra musikaliska kopplingar av den kvalitet som är nödvändig för barnens musikaliska utveckling, vilken är huvudmålet med musikundervisningen. Kärnan i det här är *lärarrollen*. För att främja musikalisk kreativitet krävs kreativ undervisning. Att visa vägen framåt, att uppmuntra, styra och sätta igång kreativa reaktioner hos barnen är i sig en *kreativ handling*.

Kreativitet är liksom musikaliska förmågor något vi alla har. Vi vet att det inte är en gåva som bara getts sådana som Mozart och Michael Jackson. Som lärare är vi kanske inte lika nära musiken och kreativiteten som vi var som barn, men fundera gärna ett ögonblick över hur kreativa och musikaliska vi alla är. Om du tycker om att sjunga, sjung när du undervisar. Om du inte tycker om att sjunga, är du skyldig dina elever en rik musikalisk miljö och att uppmuntra dem att intressera sig för uttrycksfulla musikaliska framföranden. Om du tycker om att lyssna på musik och att spela musik, som vi alla gör, så borde musikspelande och musiklyssnande utgöra en central del av din undervisning. Vi utnyttjar vår naturliga kreativitet och ägnar oss kreativt åt musik varje dag. Som spädbarn utvecklar vi en rad färdigheter som kan beskrivas som musikaliska. Dessa färdigheter kräver inte någon omfattande kunskap om en viss kulturs musikaliska konventioner, utan snarare medvetenhet om vilka av musikens aspekter som är fattbara, minnesvärda och njutbara för barn. Många av färdigheterna lär sig barnet redan innan det föds, när fostret vänjer sig vid de invärtes ljudmönster som finns i mammans kropp och associerar dessa mönster med hennes fysiska och emotionella tillstånd.

Musikalitet är en färdighet som vi lär oss både genom väldigt tidig formell musikundervisning och informellt och spontant genom upplevelser av bekant musik från vår kultur. Det bästa sättet att främja ett barns musikaliska förmågor är faktiskt att erkänna att vi alla (och särskilt barn) har en musikalisk hjärna.

Vi är alla känsliga för den intimitet som finns i den muntliga interaktionen mellan en mamma och hennes spädbarn och för den växelverkan som finns i improvisatoriska musikaliska framföranden av ljudmönster som stimulerar hörandet, igenkännandet av mönster och de emotionella konnotationerna i de ljudmönster som ligger bakom musiken. Vår musikalitet växer genom att vi kontinuerligt utvecklar våra interaktioner när det gäller att lyssna på och framföra musik i olika sammanhang, från vanan att sjunga vaggsånger efter födseln, vilket är musikaliskt, kognitivt, emotionellt och socialt välgörande, till att leka hopprepslekar på skolgården. Sociala faktorer såsom föräldrastöd, lärares personligheter och samspelet med andra är centralt för hur den musikaliska hjärnan utvecklas. Den växer inuti individer under utveckling, som var och en bor i en viss hemmiljö, har inneboende anlag, upplever externa motivationer och så vidare. Som lärare är det vårt ansvar att stödja en frågvis och utforskande infallsvinkel till hur barn lär sig genom musiklekar och musikaliskt experimenterande (se McPherson 2006).

En kreativ infallsvinkel till musikundervisningen

En kreativ infallsvinkel till musikundervisningen har flera viktiga inslag eller dimensioner av kreativ praktik som gör det möjligt för lärarna att fatta väl avvägda beslut, både på planeringsnivån och spontant under en interaktion i klassrummet. Följande trådar och teman återkommer igenom hela det här kapitlet.

Detta är alltså en vision av hur musik kan genomsyra och expandera lärares praktik på varje nivå.

Threads *(teaching music creatively)*	Themes *(for creativity in music)*
Developing a culture of creative opportunities and ensuring the creative involvement of the teacher	Creating a community of musical practice (encouraging ownership, collaboration, autonomy)
Watching and listening to children	Making connections and working with the unexpected and the familiar
Building learning environments of enquiry, possibility and trust	Valuing openness to unusual ideas, curiosity and questions
Fostering learning through imaginative play, exploration and experimentation	Profiling agency (musical decision making/musical interests)

Figur 1.1 Teman (som karakteriserar undervisning för kreativitet i musik) och trådar (att undervisa på ett kreativt sätt).

FÖRSTA PRINCIPEN: TRÅDAR

Trådarna är ämnade att främja *kreativ musikundervisning*, alltså att få lärarna att vilja göra det musikaliska lärandet intressant och effektivt och att använda fantasifulla tillvägagångssätt i klassrummet.

1 **Att utveckla en kultur med kreativa möjligheter och försäkra att lärarna involverar sig kreativt**
   Det finns en stor mängd forskning om *effektiv undervisning* som visar att kreativa lärare själva fungerar som kreativa förebilder: yrkesmänniskor som fortsätter att vara självmotiverade, lärande individer som värdesätter de kreativa dimensionerna i sina egna liv och gör kopplingar mellan sin undervisning och sina personliga reaktioner på erfarenheter. Detta kan innefatta samarbete mellan barn och lärare, där reflektion prioriteras framför tidsmässiga krav. I dessa interaktioner framhävs vikten av att skapa en "stödjande miljö" för eleverna och att leda dem mot en gemensam förståelse av hur de bäst kan delta och lära.

2 **Att observera barnen och lyssna på dem**
   Åtagandet att utöka valfriheten är nära knutet till ett annat och lika viktigt fokus för lärarnas praktik och utvecklingsarbete, nämligen att lyssna på barnen och att ta till sig deras idéer, tankar och känslor.

3 **Att bygga lärandemiljöer fulla av frågvishet, möjligheter och tillit**
Ett mycket praktiskt sätt att uppmuntra barn att uttrycka sina
preferenser och handla enligt dem är att ge barnen specifika alternativ.
Barnen måste få möjligheten att inte bara göra ett val utifrån en rad
aktiviteter som läraren erbjuder, utan även själva bidra till processen
där de uppgifter och aktiviteter som klassen ska utföra planeras.
Barrett (2006) gjorde en värdefull studie av hur små barn skapar
mening genom att kreativt delta i musik under de första levnadsåren.
I denna studie visar hon på vikten av att särskilja olika sorters
inblandning när det gäller barnens deltagande. Detta deltagande
bör inte bara begränsas till aktiviteter och strukturer som redan
har bestämts, utan bör ge barnen möjlighet att faktiskt påverka den
övergripande organisationen och vilka undervisningsmöjligheter som
finns. Detta genom att man kartlägger de tillfällen då de begrundar
saker och ting och att barnen uppmuntras att fundera över hur
relevanta de aktiviteter som läraren valt ut är och bidra med sina
tankar om detta. Genom att ta ett steg tillbaka och låta barnen ta
ledningen öppnar läraren en förutsättningslös kontext där kontrollen
åtminstone delvis överlåts till barnen. Det är då mer troligt att de
anpassar och utvidgar aktiviteterna på oväntade sätt. Lärande-
relationen måste utvecklas på sätt som stöder och främjar ökad frihet
att lära och som föder kreativitet genom att det tas risker, att acceptans
kommuniceras och att en gemensam förståelse byggs, dels mellan
läraren och barnen, dels mellan barnen själva, som ett gemensamt
tema som klassgemenskapen som helhet kan urskilja.

4 **Att främja lärande genom fantasifull lek, utforskning och
experiment**
Om läraren ska kunna hitta personligen och kollektivt tillfreds-
ställande sätt att vara och lära tillsammans med barnen måste den
resa som lärandet utgör kännetecknas av praktiker som att arbeta
som ett lag, att dela tankar med en lärandepartner, att lära genom
att leka och att läraren har empati för barnens känslor (en följdsats
är ett barncentrerat tillvägagångssätt där en avgörande faktor för
lärarna är att lyssna på barnen). Det måste i undervisningen finnas
en väg till kreativt tänkande och problemlösning i alla aspekter av
barnens lärande, något som kan åstadkommas genom målmedvetet

utforskande och experimenterande. Läraren måste lita på barnet och tro på att barnet har en önskan att utforska och experimentera med musiken, och förmågan att göra detta. Läraren bör bry sig om och visa respekt för varje barns individualitet.

ANDRA PRINCIPEN: TEMAN

I dessa teman, avsedda att främja *undervisning för kreativitet i musik*, ligger fokus på att utveckla barnens kreativitet inom musikämnet och deras förmåga att experimentera med musikaliska idéer och musikalisk information på egen hand såväl som med andra.

1 **Att skapa en gemenskap för musikalisk praktik (att uppmuntra ägarskap, samarbete och autonomi)**
   Lärarna och barnen måste ha ett delat ansvar för kreativa aktiviteter och samtidigt en förståelse av att lärandets resa kan vara obekväm ibland, men att de delade erfarenheterna och grundtanken med en stödjande lärandegemenskap kan göra det möjligt för alla att blomstra som musikaliskt lärande individer.

2 **Att göra kopplingar och arbeta med det oväntade och det välkända**
   Barn växer och förändras konstant samtidigt som de söker nya utmaningar och nya saker att lära sig. Detta gäller också för kreativa lärare. Praktiker som utvecklats i klassrummet och som tagits till klassrummet av externa kreativa och kulturella partner kan användas för att utmana både barn och lärare och vidga deras vyer. Detta kan ske genom att kreativiteten ses som en uppsättning av dimensioner och beteenden vars fokus ligger på att göra kopplingar, utforska det oväntade och att flytta fram gränserna för det välbekanta. Dessa dimensioner kan utforskas fortgående inom läroplanens ramar.

3 **Att värdesätta öppenhet för ovanliga idéer, nyfikenhet och frågor**
   Barndomen kännetecknas på olika sätt inom en stor mängd olika kontexter, och barnens musikaliska kreativitet kan under enkulturationsprocessen i deras hemmiljö innefatta spontant sångmakande, dans och sång. Lärare måste vara öppna för de kreativa erfarenheter som barn har när de gör musik, utforskar ljud, använder ett uttrycksfullt ordförråd och utvecklar manipulativa färdigheter som svar

på specifika kulturella miljöer. Barns kulturella kompetenser som konsumenter och användare av digital multimediateknik i fritidssammanhang och det ständigt växande utbudet av musikteknik gör det allt mer möjligt för dem att utnyttja sina egna erfarenheter av musik och få tillgång till ett valfritt antal eftersträvansvärda ljudvärldar som stöder kreativt musikskapande. Öppenhet inför barnens kreativa idéer och kulturella praktiker och nyfikenhet på dessa är det som utgör byggstenarna för musikgemenskaper i klassrummet.

4 **Att profilera medinflytande (musikaliskt beslutsfattande/musikalisk valfrihet/musikaliska intressen)**

Den här dimensionen uppmärksammar det viktiga faktum att det som kan vara en kreativ strävan och prestation i ett barns musikaliska värld inte nödvändigtvis ses som, bedöms som eller definieras som kreativ i den vuxna musikaliska värld där barnet befinner sig. Det är viktigt att avgöra vad som utgör kreativ valfrihet och friheten att fatta beslut där kulturella dynamiker interagerar inom de av barnets sociala världar där den musikaliska kreativiteten växer. Detta handlar om kreativt inkluderande, kreativ valfrihet och hur barn konstruerar och möjliggör repertoarer utifrån de interaktiva möjligheter, erfarenheter och uttryck som de får bland sina jämnåriga.

Kreativa lärare och kreativ musikundervisning

Musiken är nödvändig för en kreativ lärare. Musikämnet bildar en samling av kunskap, färdigheter och förståelse vars intellektuella djup och kritiska hårdhet är lika utmanande som alla andra ämnesområden i skolan. Likt andra ämnen måste musik undervisas av övertygade och kreativa lärare och ges tillräckligt med tid och resurser. Det finns tydliga bevis på att kreativa lärare åstadkommer kreativt lärande och positiva resultat. Att kreativt delta i musik hjälper barn att lära mer effektivt, vilket hjälper till att utveckla deras musikaliska färdigheter och inspirerar dem att tänka på musik, uppleva musik och göra musik på nya sätt. Att kreativt delta i musik hjälper barnen att göra bättre ifrån sig i alla skolämnen. Lärare som har bäddat in musiken i grundskolans läroplan på daglig basis har visat att de kan förbättra både läskunnigheten och räkneförmågan hos barnen. De kan också dra nytta av barnens passion för kultur och skapa miljöer där de känner sig värdesatta, bemyndigade och motiverade. Närvaro, attityd och välbefinnande är alla faktorer som förbättras när barn får ägna sig åt musik.

Den kreativa läraren:

- är inte en instruktör utan en medskapare som stöttar barnen när de utvecklar sitt eget musikaliska lärande
- letar ständigt efter sätt att få igång barnens fantasi och uppfinningsrikedom
- stöttar barnen i att ta risker, att fråga sig själva "vad händer om jag ..." och att prova nya infallsvinklar
- uppmuntrar barnen att utvärdera och analysera sitt eget och andras arbete.

Varför försvinner visionen om kreativ musikundervisning i den faktiska musikundervisningen?

Kanske är det så att musik är ett särskilt svårt ämne att få in i grundskolornas tankestruktur. Det är svårt för lärarna att hålla fast vid dess natur och dess värde och det finns även problem med ämnets status i förhållande till andra ämnen. Det handlar också om resurser och vilket engagemang som kommer till uttryck för att utöka valfriheten i arbetsmetoder. Allt detta är nära knutet till lärarnas praktik och utvecklingsarbete. Precis som med de andra estetiska ämnena göms musiken undan i läroplanens mörka hörn och står högst på listan vid nedskärningar. Till och med under de bästa förutsättningar är det ofta tal om något annat än musikaliska transaktioner. Jag har sett musikundervisning utan kreativitet under förhållanden där tiden och resurserna är mer än tillräckliga, men har också sett kreativ musikundervisning under ogynnsamma förhållanden. Detta är självklart inte ett argument för att frånta musikundervisningen alla resurser, utan snarare ett erkännande av att tillgång till resurser i sig inte är tillräckligt. Det krävs både en förståelse av musikens grundläggande kvaliteter och en känsla för vad det innebär att ägna sig åt livlig och autentisk musikundervisning. Med detta i åtanke vill jag bjuda in läsarna att sätta sig in i principer för praktik och forskning som är rotade i den grundläggande förutsättningen att musikalitet och kreativitet är något alla har och som kan utvecklas i en lärandemiljö där varje individ vet att det är tryggt att ta musikaliska risker, en miljö där självförtroende främjas och där alla kan dras med i spänningen att lära sig musik på ett kreativt sätt.

Litteratur

Alexander, R. J. (red.) (2010). *Children, their world, their education: final report and recommendations of the Cambridge Primary Review*. London: Routledge, särskilt s. 239–245, 471–474, 496–500.

Barrett, M. (2006). Inventing songs, inventing worlds: the "genesis" of creative thought and activity in young children's lives. *International Journal of Early Years Education*, 14 (3), s. 201–220.

Burnard, P. (2006). The individual and social worlds of children's musical creativity. I: G. McPherson (red.) *The child as musician: a handbook of musical development*. Oxford: Oxford University Press, s. 353–374.

Campbell, P. S. (2002). The musical cultures of children. I: L. Bresler & C. Thompson (red.) *The arts in children's lives: context, culture and curriculum*. Nederländerna: Kluwer, s. 57–69.

Csikszentmihalyi, M. (1997). (Först publicerad 1996) *Creativity, flow and the psychology of discovery and invention*. New York: Harper Perennial.

Eisner, E. (2004). What can education learn from the arts about the practice of education? *International Journal of Education and the Arts*, 5 (4), s. 1–12.

Malloch, S. & Trevarthen, C. (2009). *Communicative musicality: exploring the basis of human companionship*. New York: Oxford University Press.

Marsh, K. & Young, S. (2006). Musical play. I: G. McPherson (red.) *The child as musician: a handbook of musical development*. Oxford: Oxford University Press, s. 289–310.

Robinson, K. & Azzam, A. M. (2009). Why creativity now? A conversation with Sir Ken Robinson. *Educational Leadership*, 67 (1), s. 22–26.

KAPITEL 2

Rösträtt – barns rätt till musik på barns villkor

STINA ABRAHAMSSON & STINA WENNBERG

Jag har en dröm, jag har en dröm, jag har fortfarande en dröm

SÅNG AV KEVIN 4 ÅR

Kevin kan sjunga, komma på texter, rörelser och skapa musik. Han har verktygen att göra detta tillsammans med sina kompisar och lärare på sin förskola. Kevin är delaktig i den musikaliska verksamheten. Han har förmågan att lyssna på andra och ges utrymme att göra sin egen röst hörd.

FN:s barnkonvention säger: "barn har rätt till yttrandefrihet av alla slag så som i tal, skrift, tryck och konstnärliga former". Barnen har också rätt till utbildning som främjar respekt för mänskliga rättigheter och demokrati. Den gemensamma sången och det gemensamma skapandet är ett sätt att främja barnens yttrandefrihet och demokratiska utveckling. Barnens sång kan dock hämmas av vuxnas okunskap kring barnrösten. Barnen måste få sjunga och skapa utifrån sina förutsättningar, i sitt tonläge och med sitt eget språk.

Under en lång tid har det estetiska området fått mindre och mindre plats i lärarutbildningarna, och detta har skapat större okunskap kring barns röster och barns musikaliska skapande. Daniel Hansson och Sofia Balic vid Malmö högskola ville förändra denna utveckling genom att lyfta barnsången, både som ett musikaliskt och ett demokratiskt verktyg.

Tankarna fick fäste i föreningen *UngiKör* som är en paraplyorganisation för barnkörer i Sverige. För att hitta nya former för barns musikskapande kom idén att låta körsången möta hiphopen och ett samarbete inleddes med ungdomsföreningen *Rörelsen Gatans Röst och Ansikte*. Tillsammans med musikverksamheten vid Malmö högskola mynnade detta samarbete ut i en ansökan till Allmänna arvsfonden, med fokus på sång, röst, skapande och delaktighet för barn och lärare i förskolan.

Detta är rösträtt

Gemensam sång förkroppsligar ett demokratiskt samhälle där varje person har en röst och alla kan delta på lika villkor oavsett klass, kön och etnicitet.

UR RÖSTRÄTTS ANSÖKAN TILL ALLMÄNNA ARVSFONDEN

Rösträtts grundtankar bygger dels på barnkonventionen och dels på projektet *Barn & sång* och boken med samma namn (Fagius 2007). Där lyfter vi bland annat McCallister och Söderstens (2007) rön kring barnrösten och vikten av att anpassa sången till barnens fysiologiska förutsättningar.

Ansökan till Allmänna arvsfonden beskriver ett projekt på tre år som skapar fortbildningsmöjligheter för förskollärare och ger barn i projektet möjlighet att skapa tillsammans med professionella kompositörer och rytmiklärare.

Projektet syftar till att skapa förutsättningar för en hållbar metod för barns röstutveckling, musikskapande och delaktighet i förskolan. Rösträtt bildar en plattform för den kunskap som redan finns i ämnet, men som sällan når ut till förskolan. Det blir samtidigt ett forum för utveckling av nya metoder.

Rösträtt vill:

- öka barns rätt att uttrycka sig i eget skapande och med den egna rösten
- lyfta barnens röster och skapande i det offentliga rummet
- stärka musiken i förskolan, både som eget ämne och som lekfull metod i ett lustfyllt lärande
- ge läraren mer kunskap kring röst och röstfrågor samt stärka självförtroendet i att använda den egna rösten
- främja värdegrund och delaktighet i den gemensamma sången på förskolorna.

Delaktighet och inflytande

Rösträtt har valt att inspireras av Roger Harts (1992) forskning om hur barns delaktighet möjliggörs på bästa sätt. Hart har tagit fram en modell som kallas *Ladder of Participation*, på svenska 'delaktighetstrappan', som beskriver olika sätt att göra barn delaktiga och vilket sätt som är mest främjande. Enligt Hart är den högsta formen av barns delaktighet när barn initierar ett projekt och bestämmer tillsammans med vuxna.

Delaktighetstrappan hjälper oss, som lärare, att styra rätt så att vi inte hamnar i fallgropar som motverkar delaktighet. Det är till exempel inte ovanligt att barn används som utsmyckning vid olika arrangemang, där de inte förstår sammanhanget och inte har bett om att få delta. Även om lärare har stor erfarenhet kring att arbeta med delaktighet, behövs det metoder och modeller för att fortsätta vara en medveten lärare.

Medvetenheten om vikten av barns delaktighet är inte alltid enkel att genomföra i praktiken. Till detta behövs kunskap hos läraren *hur* medbestämmandet kan komma i fokus, så att möjligheter att prova nya arbetssätt tillsammans med barnen kan skapas. Vårt arbetssätt är musik och vi fokuserar på instrumentet, sång. Kunskaper om delaktighet går självklart att använda i andra ämnesområden och i hela verksamheter.

För att nå medbestämmande krävs arbete och intresse för att utveckla sin verksamhet och sina arbetssätt, annars är det lätt att det bara blir ett stort ord som inte används som det borde. Barns delaktighet ska vara en självklar del i arbetet på förskolan.

PACKA RYGGSÄCKEN

I grunden handlar Rösträtt om två saker. Det första är att låta barn uttrycka sig med sin röst i gemensam sång och skapande på den egna röstens villkor. Det andra är att ge lärare kunskap och verktyg för att skapa musiksamlingar eller annat musikaliskt skapande med barn där delaktighet är i fokus. För att kunna sätta barnen först, måste läraren känna trygghet i sin röst och tillit till sina kunskaper.

Vid Musikhögskolan i Malmös rytmiklärarutbildning pratas det ofta om att packa ryggsäcken (Vernersson 2003). Detta innebär att ge verktyg för att kunna bygga nytt och bygga vidare på egen hand. Rösträtts arbetssätt och metoder är en kombination av rytmikmetoden, att packa lärarens ryggsäck samt ett mycket stort fokus på barnens delaktighet.

Barnens ryggsäckar ska också packas. Förutom de musikaliska verktygen ska ryggsäckarna packas med självförtroende, valmöjligheter och känslan av att "jag får ta plats". Barnens skapande utgår från det de redan kan och för att utveckla deras musikaliska kreativitet behöver deras ryggsäckar ständigt fyllas på. Det är vårt ansvar som vuxna att ständigt inspirera och utmana barnen så att deras kreativitet kan, och får, flöda fritt.

Rösträtt i praktiken

Rösträtt arbetade främst med fyra områden som vi starkt tyckte bidrar till barns musikaliska utveckling och delaktighet:

- trygghet i den egna rösten
- min röst/din röst
- eget musikskapande
- dokumentation/nya medier.

Utifrån barnens tankar och önskemål (Holmberg & Rundberg 2008) identifierades och utformades ett antal aktiviteter som på olika sätt vill stärka sången, skapandet och delaktigheten för både barn och vuxna i förskolan. Alla förskolor ser olika ut och har olika förutsättningar, men den gemensamma sången är en naturlig del i vardagen på de allra flesta förskolor. Med den gemensamma sången som utgångspunkt anpassar vi projektets aktiviteter så att de kan bli en naturlig del i förskolans arbete. Vi jobbar med att utveckla musiksamlingarna, stärka sångrösten, hitta nya metoder för musikskapande och att sprida kunskap om barns röster och barns skapande.

GENOM BARNEN NÅR VI LÄRARNA – GENOM LÄRARNA NÅR VI BARNEN

Barnens lust och aktiva deltagande ger lärarna en möjlighet att utveckla sin egen kreativitet. Det handlar om att göra barnen mer delaktiga i musiksamlingen och att det sjungs och musiceras på barnens villkor. Att ta till vara barnens idéer och deras skapande ger läraren ännu fler verktyg att jobba med. Skaparglädje är också ett verktyg och vi vuxna behöver smittas av barnens entusiasm.

Med hjälp och stöd från rytmiklärare och rytmikmetoden ges lärarna på förskolan möjlighet att utveckla mer arbete "utanför ringen", det vill säga att lämna den traditionella sångstunden och låta barnen vara medskapare och medmusikanter.

Projektets rytmiklärare har varit ute på förskolor i Skåne under rubriken "Handledda musiksamlingar" för att möta lärarna och barnen i deras vardag och utifrån deras förutsättningar stärka musiken och utveckla musiksamlingen i den form som används på förskolan. Rytmiklärarens besök har innehållit praktiska moment, som sånger och rytmikövningar, men också samtal och diskussioner med lärarna utifrån musiken och dess användning på förskolan.

Under projektets första år presenterades fyra workshoppar med fyra teman utifrån barnens önskemål. Ett exempel är den workshop som handlade om rytmik och instrument efter barnens önskan om mer instrumentspel. Genom att först titta på vad barnen vill ha för typ av musikaktiviteter och stärka kunskapen kring detta hos personalen blir aktiviteterna både på barns och vuxnas villkor.

Nätverket Förskola och Musik

Vi har uppmärksammat lärarnas behov av att få utbyta erfarenheter med varandra. Det finns många inspirerande lärare som ständigt söker nya metoder i sitt arbete med barnen. Nätverket *Förskola och Musik* startades i samarbete med förskollärarutbildningen vid Malmö högskola och träffas ungefär en gång i månaden. Nätverket bjuder in gästföreläsare och anordnar workshoppar utifrån deltagarnas önskemål, men den stora vinsten är erfarenhetsutbytet lärarna emellan.

SKAPANDET – FÖRSKOLEBARN I SKAPANDEPROJEKT

Barns kulturuttryck tar sällan stor plats i det offentliga rummet. En viktig del av Rösträtt är att ändra på detta och lyfta fram barnens egna, unika skapande.

UR RÖSTRÄTTS ANSÖKAN TILL ALLMÄNNA ARVSFONDEN

Små barn ska få skapa musik, på egen hand och tillsammans med vuxna. Vi vill också ge barnen möjlighet att möta professionella kompositörer och att skapa tillsammans med dem. Rösträtt genomförde ett skapandeprojekt med 24 skånska förskolor, tre kompositörer och två rytmiklärare. Rytmiklärarna blev en länk i mötet mellan barnen och kompositörerna och ett stöd för förskolornas eget musikskapande.

Barnen bidrog med ord, ljud, rim och temaförslag som sedan kompositörerna skapade musik av. Musiken presenterades för barnen som fick tycka till och sätta sin egen prägel på kompositionen. Resultatet blev två hiphoplåtar, sex visor, ett körverk och ett interaktivt verk där barnen bestämmer i stunden hur stycket genomförs. Allt detta framfördes av barn, rytmiklärare, förskolepersonal och artister i en gemensam konsert.

Lekar och övningar baserade på rytmikmetoden har varit till stor hjälp för att komma igång med just medbestämmande i musikaliskt skapande. Övningarna syftade till att få varje barn att bidra med något och att tillvarata barnens uttryck och idéer. Ett exempel är *Ordpåsen*. Övningen utgår från en tom godispåse som innehåller "alla ord som finns i hela världen". Barnen får plocka upp fantasigodisbitar som alla innehåller ett ord som barnen själva väljer. Varje ord ritas eller skrivs på ett papper och dessa läggs i olika följder som sedan läses rytmiskt tillsammans. På så sätt har vi börjat skapa barnens egna ramsor utifrån deras ord.

Rösträtt har i samband med skapandeprojektet gjort en guide fylld med rytmikövningar som handlar om att leka med ord, melodi, ljud och rörelse. Denna guide är nu en del av boken *Rösträtt - musik på barns villkor* (Holmberg 2014). Enligt de lärare som vi mött, har denna guide upplevts som en igångsättare och inspirationskälla till gemensamt skapande på förskolorna. Det finns ett behov av att få hjälp på traven och framför allt inspiration till idéer att lägga i den egna ryggsäcken. Rösträtt vill hitta, skapa och bidra med fler verktyg för barn, lärare, föräldrar och andra vuxna. Vi vill genom detta bidra till att barnens musikaliska skapande ständigt uppmuntras och möjliggörs.

SÅNGEN OCH RÖSTEN – KÖRSÅNG I FÖRSKOLAN

Genom att medverka i kören har jag blivit trygg i min röst, vilket medför att jag vågar ta ut svängarna mer och prova olika saker.

FÖRSKOLLÄRARE I RÖSTRÄTT

Den gemensamma sången hjälper till att öka trygghetskänslan, både i gruppen och i den egna rösten. Körer för förskolepersonal är ett sätt att inspirera och stärka deras röster så att de vågar sjunga ut och inspirera i den gemensamma sången på förskolan.

Upplägget kring *körsång för förskolepersonal* togs fram med hjälp av Anna-Lena Tideman, lektor i sång och legitimerad logoped vid Lunds universitet. Det vilar på tre ben:

1 ökad kunskap kring barnets röst, den vuxna rösten, och skillnaderna dem emellan
2 metoder och idéer kring att arbeta med röst i förskolan
3 ny repertoar, både för barn och vuxna.

Körsångsprojektet har vidareutvecklats till att omfatta kör för femåringar. Utifrån de medverkande förskolornas önskemål får femåringarna träffa en sånglärare från kulturskolan och sjunga tillsammans en gång i månaden.

Femårskören drivs nu som ett samarbete mellan förskolorna och kulturskolorna. Rösträtt bidrar med erfarenheter från tidigare körsångsprojekt, men också med den kunskap som finns hos projektets medarbetare, genom workshoppar och möten ute på förskolorna.

Avtryck och intryck

De viktigaste metodutvecklarna i projektet är barnen. Det är de som har lekt, sjungit, skapat och testat tillsammans med oss vuxna. Deras direkta respons och nyfikenhet ger oss den bästa inspirationen till fortsatt utveckling av sång och musik i förskolan. I Rösträtt är barnen de största inspiratörerna.

Vi ser att barnen har deltagit i projektets olika delar med entusiasm och skaparglädje. Deras kreativitet har fått stor plats eftersom medbestämmandet alltid är i fokus i arbetet och de har fått större möjlighet att bidra till innehållet i musiksamlingarna. Lärarna upplever att barnen sjunger ut mer och att barnen oftare frågar efter att ha en gemensam musikstund.

> Alla barn deltar aktivt i våra sångstunder, de kommer själva med förslag om vad vi ska sjunga och hur. De har blivit trygga i att använda sina röster inför varandra och stunderna är fyllda av glädje …
>
> FÖRSKOLLÄRARE I RÖSTRÄTT

De ser också ett behov av att ge rum till musikalisk lek där fortsatt skapande, både på egen hand och tillsammans med vuxna är viktigt.

> Med Rösträttsprojektet inredde vi ett musikrum. Här inne vill barnen spontant leka/vara nästan varje dag. De vill lyssna på musik, leka olika musiklekar. Både själva, några barn, men också lärarledda.
>
> FÖRSKOLLÄRARE I RÖSTRÄTT

LÄRARNA UTVECKLAR SITT MUSIKALISKA ARBETE

Många upplever att de har utvecklat sitt musikaliska arbete på förskolan. Ny inspiration har gett nya idéer, musiksamlingen planeras på förhand och medvetenheten kring barnens medbestämmande har ökat. Det musikaliska arbetet ses mer långsiktigt och det finns lust och möjligheter till utveckling.

> Input från våra workshoppar gör att jag har ett helt annat bagage med mig när jag har en sångsamling. För mig är inte sångsamlingen längre att bara sjunga utan det är ljud, mimik, rörelse, dans med mera. Att synliggöra musiken, rytmer. Hur ser detta ljudet ut, tror ni? Att rita ljud, visa med kroppen, ansiktet hur ett ljud ser ut. Lyssna till olika sorts musik, fantisera om de olika rytmerna och instrumenten.
>
> FÖRSKOLLÄRARE I RÖSTRÄTT

De hinder som framkommit är att det är ont om planeringstid och att det inte är enkelt att vara en drivande lärare när man är ensam på sin arbetsplats om att vilja utveckla det musikaliska arbetet.

> … Planeringstid och reflektionstid upplever jag alltid som bristvara …
>
> FÖRSKOLLÄRARE I RÖSTRÄTT

FÖRSKOLORNA STÅR PÅ EGNA BEN

Rösträtt har lyckats ge ringar på vattnet. På en förskola har det skapats så kallade rösträttsgrupper som träffas en gång i veckan och har musiksamlingar med medbestämmande. Ett annat exempel är två förskolor som samarbetar kring ett skapandeprojekt som sträcker sig under en längre period där temat är att skapa en gemensam saga fylld med berättelser och musik. Rösträtts tankar genomsyrar hela deras arbete. Önskan att fortsätta driva femårskörer och personalkörer är också stor bland de förskolor som medverkat.

Vi ser att Rösträtt har bidragit med inspiration, verktyg och lust till att ge sången, medbestämmandet och skapandet större utrymme i förskolornas verksamhet.

NYCKELN TILL FRAMGÅNG ÄR SAMARBETEN

För att bygga långsiktigt behövs samarbeten, för att nå ut till fler behövs samarbeten, för att utvecklas behövs samarbeten. Vi vill att projektet ska leva kvar, växa och utvecklas med hjälp av de kanaler som finns och som vill nå ut till förskolan. Det behövs en länk mellan det professionella musiklivet och barnen i skapandet av ny musik. Genom samarbeten med regioner, länsmusiken, orkestrar och andra musikinstitutioner kan barnen på förskolan få möta och skapa tillsammans med kompositörer, musiker och rytmiklärare.

Vi vill fortsätta att utbilda och fortbilda förskollärare så att musiken får möjlighet att kontinuerligt vara en viktig del av förskolans vardag. Vi jobbar för att musiken som ämne ska få större plats i förskollärarutbildningen och att de förskollärare som examineras om några år har en gedigen ryggsäck med musik och dess användningsområden när de går ut i arbetslivet.

Inspirerande tillfälliga projekt är viktiga, men att bygga hållbara fortsättningar i förskolan är inte lika självklart. Det handlar om att ha intresse, vilja och att våga använda musikens möjligheter. Lika viktiga är chefer som uppmuntrar arbetet och ger tid till planering och förskollärarutbildningar som satsar på musik. Detta är nyckeln till att uppnå barns rätt till sång på barns villkor. Intresserade och djärva förskollärare finns det många, frågan är om cheferna och förskollärarutbildningarna är lika modiga?

Litteratur

Ask, K. (2011). *Rösträtt standardrapport*. CTA, Malmö Högskola.

Fagius, G. (red.) (2007). *Barn och sång*. Lund: Studentlitteratur.

FN:s barnkonvention (2009). 12–15 §, 29 § och 31 §. Stockholm: UNICEF.

Hart, R. (1992). *Childrens participation: from tokenism to citizenship*. Florence: UNICEF International Child Development Centre.

Holmberg, Y. (2014). *Rösträtt – musik på barns villkor*. Stockholm: Gehrmans musikförlag.

Holmberg, Y. & Rundberg, L. (2008). *Musiskt medbestämmande*. Malmö högskola.

McAllister, A. & Södersten, M. (2007). Barnröstens utveckling I: G. Fagius (red.) *Barn och sång*. Lund: Studentlitteratur.

Rösträtts webbplats: www.mah.se/rostratt

Vernersson, A-K. (2003). *Rytmik: lek på allvar*. Musikhögskolan i Malmö, Lunds universitet.

KAPITEL 3

Musikens betydelse för integration

Y L V A   H O F V A N D E R   T R U L S S O N

I följande kapitel vill jag lyfta fram röster från föräldrar som är uppvuxna i andra delar av världen, men som kommit till Sverige på grund av krig och förföljelse. Deras barn växer nu upp här och blir en del av det svenska samhället. Jag har träffat mammor och pappor och pratat om musik, utbildning och fritidsaktiviteter. I intervjuerna lyfter de fram sina tidigare erfarenheter i livet som format och fått betydelse för deras syn på barnuppfostran och musikens roll, i förskolan, skolan och på fritiden. Syftet med kapitlet är att visa hur musik kan användas i en integrationsprocess, samt synliggöra föräldrarnas perspektiv på lärande i skola och på fritiden.

Forskningsbakgrund om föräldrar och integration

Jag har i samband med en av mina studier träffat föräldrar från 18 olika familjer, från delar av världen, som Argentina, Serbien, Vietnam, Kina, Estland, Iran, Ungern, forna Östtyskland och Bosnien. I denna text redovisas uttalanden från dem som vid tillfället hade barn i åldern 4–13 år (alla namn är fingerade). Alla familjerna hade barn som spelade instrument på sin fritid. Majoriteten av föräldrarna som deltagit i studien lever i exil i Sverige och har anlänt mellan 1984 och 1993. Några av dem har av politiska skäl inte kunnat återvända, men de flesta har någon gång återvänt och besökt sina hemländer, kvarvarande släkt och vänner. Flera av föräldrarna har också funderat på att flytta tillbaka, men tills vidare valt att stanna på grund av barnen som man inte velat rycka upp från sina liv i Sverige. I de fall man kunnat återvända var det inte ovanligt att man tillbringade hela somrar i egna sommarhus eller hos släktningar i ursprungslandet.

Deras utsagor liknar resonemangen som Ålund (1991) sett i sina studier i en förort, "Lilla Juga", till Stockholm. Där var drömmen om hemlandet, ofta ett hinder för integration, eftersom föräldrarna inte ville att barnen skulle bli försvenskade då man kanske planerade att flytta tillbaka. Det pågick med andra ord en maktkamp mellan dessa kontexter att integreras eller att isoleras i sin kulturella grupp. I Ålunds studie gjorde återvändardrömmarna att man inte ville ha barnen på förskola eftersom de då skulle bli mer svenska än, som i deras fall, "jugoslaviska". Både i Ålunds föräldrastudie (1991) och i min studie (Hofvander Trulsson 2010a) beskrivs känslor av utanförskap i Sverige och i ursprungslandet. Genom att inte bli betraktad som svensk av majoritetssamhället och att bli sedd som "turist" i sitt ursprungsland, aktiverades en känsla av rotlöshet.

Sernhede (2002) belyser individens svårigheter när bilderna av "invandraren" som den andre förstärks av mediernas skriverier, men även i mötet med skola och närsamhälle. Många föräldrar i min studie beskriver upplevelsen av att ha ett stigma i form av att vara "invandrare" som svår. Svårigheterna tydliggörs på arbetsmarknaden, som bostadssökande och i relation till myndigheter. I det fallet har föräldrarna upplevt skolan som dåligt rustad för att möta "invandrarbarn" med de upplevelser många har med sig hemifrån eller från ursprungsländerna.

Den svenska skolan har länge beskrivits som "monokulturell" (Lahdenperä 2005, 2006). Mlekov och Widell (2003) beskriver två olika typer av organisationskulturer, den *monokulturella* och den *multikulturella*. En monokulturell organisation kännetecknas av fokus på homogenitet, strävar mot likhet, tillslutning och riskerar därmed att utesluta människor med andra perspektiv. Det kan röra sig om arbetsplatser som domineras av en viss nationalitet, ålder, kön och social eller politisk bakgrund, där det saknas människor som representerar olikheter eller som skiljer sig från majoriteten i organisationen i allmänhet och i ledningsgruppen i synnerhet (Lahdenperä 2005). Den svenska skolan är ett exempel på en monokulturell organisation som har svårigheter att möta ett mångkulturellt Sverige (Bunar 2006). Homogenitet återfinns i de normer och värderingar som präglar skolformen och har skapats av dem som har formell eller informell makt. Exempel på detta är också musik- och kulturskolors sammansättning av lärare och elever som övervägande haft svensk bakgrund (Hofvander Trulsson 2004). Ett annat tecken på monokulturalitet är att det deltar få elever med funktionshinder i fritidslärandet i musik (Ruud 2002), men även inom idrottsrörelsen är det få. Mlekov och Widell (2003) skriver att utgångspunkten för ett monokulturellt synsätt blir till när den egna kulturen betraktas som normgivande. Den blir den måttstock med vilken man mäter andra kulturer, ofta på ett omedvetet plan. Mångfald kan i de sammanhangen uppfattas som ett problem som ignoreras eller motarbetas. Den multikulturella organisationen kännetecknas, i motsats till den monokulturella, av en heterogen medlemsstruktur samt en kultur där mångfald värdesätts på alla nivåer. Mångfalden ses som en resurs för organisationen i stället för ett hot eller ett problem. Individuella olikheter uppskattas och värdesätts (Mlekov & Widell 2003).

Nabila Alfakir (2010) har skrivit böcker om att arbeta i mångkulturella miljöer i skolan. Hon lyfter fram grunder till dålig kommunikation mellan barn, föräldrar och lärare. Hon menar att kultur och religion präglar oss människor och hon visar på hur det kan bygga murar och oförståelse, men ger också exempel på hur dessa strukturerat kan överbryggas med medvetna strategier och samtal. Alla barn som börjar skolan måste gå igenom en process av att acklimatisera sig till rådande regler och uppförandekoder. När lärare och elever delar samma kulturella bakgrund, går detta ofta relativt fort. Barnens föräldrar har förhållandevis stor kännedom om hur svensk skola går till och kan hjälpa till genom att lotsa barnen in i miljön. Har många elever föräldrar som har relativt låg kännedom om skolans förväntningar, regler och koder, blir denna process längre och ibland svår (Alfakir 2010). Denna interkulturella process som eleverna går igenom har beskrivits som *ackulturation* (Berry & Sam 1997; Berry m.fl. 2006).

Ackulturationen till skolan sker både hos barnen och hos föräldrarna, på olika nivåer, beroende på attityder och erfarenheter i omgivningen. Det kan handla om hur man som förälder upplever mötet med personalen på förskolan eller i skolan, om det finns en kunskap och erfarenhet av mångfald. Viktigt blir också vilka erfarenheter ens vänner har haft. Mötet blir viktigt mellan parterna, och centrala för att broar ska kunna byggas om det behövs (Alfakir 2010).

Utifrån studier (Sjögren 2006; Bouakaz 2007; Goldstein-Kyaga & Borgström 2009; Saether & Hofvander Trulsson 2010c; Hofvander Trulsson 2010a, 2010b, 2013) kan det sammanfattas att utfallet av föräldrarnas möte med barnomsorg och skola brukar generellt ta sig två uttryck i olika grader: 1) Med ett gott möte antar föräldrarna en position av öppenhet och förtroende inför att barnen tar del av det utbud och de möjligheter som finns i form av aktiviteter och lärande, inom exempelvis musik och idrott. 2) Föräldrarna positionerar sig mot det nya, i form av restriktioner för barnens möjligheter att träffa andra barn från majoritetssamhället, att delta i aktiviteter i och utanför skolan som simundervisning, musikskolor, idrottsföreningar med mera.

ÖVER- OCH UNDERORDNINGENS KONSEKVENSER

Den studie som ligger till grund för kapitlet använder sig primärt av Pierre Bourdieus (1979) teorier där begreppen kapital (kulturellt, socialt, ekonomiskt) kommer till användning i analysen. Kortfattat kan kapital beskrivas som resurser i form av exempelvis bildning och utbildning relaterat till socioekonomisk bakgrund, nätverk och ekonomiska resurser. Begreppet habitus som också är nära förbundet med kulturellt kapital är också viktigt för att belysa hur prägling och uppfostran i familjen formar barnets tankar, beteende och handlingar i relation till omgivningens villkor. Dessa uttryck kan både harmoniera och stå i kontrast till exempelvis förskolan och skolans verksamhet, lärares och personals syn och pedagogik med barnen.

I studien var det viktigt att problematisera barns olika identiteter utifrån kontexter som de ingår i, där forskare beskriver barn i bland annat miljonprogramsområden som bärare av en tredje identitet (Goldstein-Kyaga & Borgström 2009) med möten i det tredje rummet (Bhabha 2005), där mötet mellan olika nationella och lokala kulturer ingår. Föräldrarnas värderingar, uppfostran och traditioner möter barnens värld, där skolpersonal, kompisar och andra lärare som musiklärare, idrottsledare med flera, påverkar deras normtänkande och beteenden (Almqvist 2006). Skeggs (2006), som myntat begreppet *respektabilitet (respectability)*, beskriver hur ekonomiskt underordnade individer och grupper söker acceptans och position genom att sträva efter att blir respekterade av överordnad. Överordnad/underordnad kan i stereotypa fall utspela sig utifrån Bourdieus (1979) uppdelning baserade på kulturella, sociala och ekonomiska tillgångar.

Goffmans (1971/2001) stämplingsteorier om stigma är också ett analysredskap för att förstå och belysa hur monokultur kan ta sig uttryck i Sverige, vilket informanterna problematiserar. Överordnad/underordnad kan också visa sig i form av kulturellt kapital, som kunskaper och inblick i förväntningar och normer i de sammanhang föräldrarna söker sig till.

Föräldrarnas röster om musik och utbildning

I följande text beskrivs olika centrala teman som är viktiga i relation till förskolan och skolans verksamhet. Det handlar om: musik som en möjlighet för integrering, musik som medium för kulturell förankring, barnens fritid – ett område för föräldrars positionering, föräldraroller och integration, den gränslösa musiken som integrerar, att veta varifrån man kommer är viktigt, den förbjudna musiken och skillnader mellan pojkar och flickor.

MUSIK SOM MÖJLIGHET FÖR INTEGRERING

Många föräldrar talar om att musik kan överbrygga kulturskillnader och musikens förmåga till ett *lingua franca*. Föräldrarna beskriver musikens språk som en frizon, där man kan möta människor på lika villkor. En mamma uttrycker att:

> Om du spelar ett instrument, trots att du inte kan språket, så kan du ändå kommunicera med människor vilket känns skönt. Det kan kännas svårt och slitsamt att man varje dag måste förhålla sig till att man är invandrare, i mötet med andra människor. (Maria)

Hon menar att språket avslöjar och värderar individen utifrån brytning och ordförråd vilket skapar en inre press. Maria säger att musiken kan medverka till att förena människor, vilket hon velat förmedla till sina barn. Därför har det varit självklart för henne att barnen skulle lära sig att spela instrument.

Anna började sjunga i en kyrkokör när hon kom till Sverige. Kontakten med kören fick hon via en kvinna som hon mötte på lekplatsen där hon bor. Körsången genererade en snabb förbättring av det svenska uttalet, berättar Anna.

> Med sången kom betoningarna och de ljusa och klara tonerna i språket. När man hela tiden hör skånskan runt omkring sig, så blir det svårt, man söker något rent uttal att förhålla sig till. Det kom med musiken, för i en kör ska alla låta likadant. (Anna)

Nejra berättar att det var tack vare hennes mans dragspelsmusicerande som de snabbt fick kontakter och vänner i Sverige. Hon säger att redan på flyktingförläggningen mötte de andra musiker som bodde och verkade i Sverige. "Man har mycket av värde när man är inne i musiken, man träffar många olika människor med olika bakgrund. Vad det än ger och hur det än blir, så kan det inte gå illa i alla fall", säger Nejra.

Flera av föräldrarna uttrycker att musiken är ett skydd mot att hamna fel i livet.

En mamma säger: "Det är sällan att de som spelar hamnar i dåligt sällskap och hittar på dumma saker." Hon berättar också om hur de fått nya bekanta genom musiken.

> Min man spelade i ett band när vi kom till Sverige. Vi fick träffa och lära känna väldigt många svenskar under den tiden och lära känna den svenska kulturen. Jag kom till flera platser som jag aldrig skulle sett om det inte var för att han spelade. Ja, vi har en helt annan bild än de andra bosnier som kom på 90-talet. Det var många som bara träffade sina landsmän här i Sverige. När de sen kom ut från flyktingförläggningen var allting främmande och de blev mer och mer tillbakadragna. Vi har träffat många svenskar och umgåtts väldigt mycket med dem och blivit bjudna på deras fester och till och med firade vi nyår på Margretetorp. Ja, det måste jag erkänna att dit hade jag aldrig kommit om det inte varit för min mans spelande. Allt beröm man får för att man spelar, vilken respekt man får, det är helt otroligt.

Nejra belyser att musiker innehar ett stort kulturellt kapital som öppnar dörrar till nya miljöer och människor. Hon talar om att få respekt, att vara något värd som sträcker sig utanför vardagen. I hennes fall har vardagen inneburit att arbeta skift inom industrin, där man, som hon säger, "är en av flera". Utifrån ovanstående citat tolkar jag att kunskap om musik ger oväntade möjligheter när man kommer ny till ett land som flykting, där körsång kan göra det lättare att utveckla språket och att spela ett instrument är en kompetens som öppnar dörrar för kontakter utanför flyktingförläggningen, där individen kan få känna sig stärkt av att kunna komma ut bland människor, nätverka och uppleva glädje. Musikaktiviteter lyfts också fram som ett skyddsnät från att hamna i fel umgänge, vilket berör både barn och vuxna. Att ge barn och unga musikaliskt kompetenser är med andra ord en möjlighet till integration och ett lingua franca.

MUSIKEN SOM MEDIUM FÖR KULTURELL FÖRANKRING

Utifrån intervjuerna finns det en tydlig önskan hos föräldrarna att barnen ska ha en förankring i deras kulturella bakgrund och att de samtidigt ska lyckas i Sverige. Detta kan vara två motstridiga intressen för familjerna, att finna balans mellan minoritets- och majoritetskulturen. I alla samhällen finns det aktörer runt familjer som har olika intressen för hur föräldrar och barn ska tänka och agera för att de ska lyckas med sina förehavanden. I varje land finns det också koder för hur man ska bete sig och vad man ska göra för val för att vara en "god förälder" (Hofvander Trulsson 2013). Hassan, som är en pappa från Iran, förespråkar en starkare förankring i ursprungskulturen, där man talar persiska hemma och lyssnar på persisk musik för att man ska lyckas tillägna sig musiken. I denna metodik blir musiken ett uttryck för kulturen. Utan den omgivande kulturen kan inte musiken syresättas. Hassan uttrycker att det kan finnas en smärta, hos vissa föräldrar, att se barnen försvenskas. Denna utveckling försöker de stävja med att styra dem i andra riktningar på fritiden.

En mamma beskriver att sonen på eget initiativ söker sina rötter genom att spela musik både från den västerländska konstmusiken och från deras bosniska arv. Musiken blir ett medium till ursprunget och föräldrarnas rötter och instrumentet blir verktyget att nå denna gemensamma referensram för familjen. Spelandet och musiken blir en koppling till ursprunget som både blir en dörröppnare till andra landsmän/släktingar och ger en tillhörighet. Musiken är också ett sätt att resa och få en nära relation till ett ursprung trots att man befinner sig långt därifrån.

Jag upplever informanternas uttalanden som att barnens spelande slår an varma känslor hos föräldrarna. Musik får här symbolisera något friskt och tryggt och känslan av "hemma".

BARNENS FRITID – ETT OMRÅDE FÖR FÖRÄLDRARS POSITIONERING

En annan pappa från Iran, tillika musiklärare, berättade att föräldrarna i hans musikskola ibland mutade sina barn till att lära sig spela persisk musik för att föra arvet vidare från ursprungslandet. Det egna kulturella kapitalet (Bourdieu 1979) är med andra ord mycket viktigt för många föräldrar. Giddens (2003, 2009) beskriver hur familjen är en spelplan för kampen mellan modernitet och tradition. Föräldrarnas uttalanden med bilder från barndomen reflekteras ständigt i deras berättelser om det vardagliga i Sverige. Detta träder fram, både i form av igenkännande och i form av känsla av främlingskap.

I Rushdies (2005) metafor om det *imaginära hemlandet* framträder den inneboende konflikten i att tvingas lämna något ofrivilligt. Det imaginära hemlandet är en frusen bild av ett samhälle, inte ett samhälle i utveckling. Man kan tala om en anomali, vilket i detta sammanhang innebär att ursprungs-landskontexten blir så pass förstärkt i exil att det kan leda till extrema uttryck av kulturen som även avspeglas i fostran av pojkar och flickor (Hofvander Truls-son 2010a). Genom att återvända till ursprungslandet kan sociala och politiska föreställningar förändras för den utvandrade. Det imaginära hemlandet är som Rushdie (2005) skriver, en fiktion och ofta en romantisering av minnena. De föräldrar som har haft möjlighet att resa tillbaka har också i intervjuerna talat mindre om relationen till ursprungslandet, vilket jag tolkat som att det i dagsläget har haft mindre betydelse för dem. Relationen till ursprungslandet framstår i de fallen som mindre komplicerad.

Det är viktigt att problematisera föräldrarnas identitetsskapande efter-som det får långtgående konsekvenser för barnens uppfostran där musik-aktiviteten sätter det svenska idealet på sin spets. Flera av föräldrarna använ-der musiken för att bygga emotionella broar mellan sina olika livsfaser och levandegöra det habitus man bär med sig (Bourdieu 1979). Jag tolkar det som att musik används för att stärka den kulturella identitet gruppen vill lyfta fram som gemensam. Det framstår som mycket viktigt för vissa föräldrar att barnen blir en del av föräldrarnas ursprungskontext eftersom de i några fall mutat dem att ta lektioner, som nämndes tidigare. Musiken, språket, tv:n och traditionerna har som funktion att levandegöra det imaginära hemlandet (Rushdie 2005). Jag har kunnat se att det inom familjerna kan råda skilda meningar om ursprungets betydelse. Mammorna förefaller oftare bejaka känslomässiga skäl till förespråkandet av traditioner och bakgrundens bety-delse, än papporna som mer lyft fram olika musikkulturer som strategiska val för barnens framtid i Sverige. Generaliserar man något, kan jag se att papporna har talat om vilken genre barnen ska spela för att klara sig som musiker medan mammorna talat om vikten att knyta an till ursprunget för att kunna smälta in i den lämnade kontexten, när man reser tillbaka på semester och hälsar på släkt och vänner.

Det har också varit viktigt för familjens ansikte utåt att barnen behärskar modersmålet och "hemlandsmusiken", som ytterligare förstärker bilden av att föräldrarna i sin uppfostran vill visa att de inte glömt var de kommer ifrån, detta för att blir respekterade (Skeggs 2006) och vara goda föräldrar. Genom att stärka det egna kulturella kapitalet i barnen och ge redskap för att klara sig i den svenska kontexten och kulturen, vilket är en kombination av mammornas och pappornas diskurs, anser föräldrarna att barnen är väl utrustade för att både hävda sin särart i Sverige och att etablera sig här (Hofvander Trulsson 2010a).

En pappa uttryckte sina bekymmer med den företeelse som finns i Sverige med de alltför individualiserade barnen som lämnas för mycket ensamma på sina rum med dator och tv-spel. Han tyckte att det var svårt att möta sin egen sons önskemål i det, eftersom han ansåg det skadligt. En mamma berättar att lärarna i skolan utgår ifrån att alla elever har dator hemma.

Föräldrarna beskriver som sagt sina barn som mer svenska. Det som förvånade mig i intervjuerna var att det bara fanns två alternativ, antingen svensk eller föräldrarnas ursprung (jfr Bhabha 2005; Goldstein-Kyaga & Borgström 2009). Dessa var de två underförstådda kategorierna som presenterades för mig. Kanske säger detta något om integrationsklimatet i Sverige för invandrare, att de blir behandlade som en homogen grupp i mötet med myndigheter och skola. I själva verket är invandrargruppen lika heterogen som gruppen med svensk bakgrund, där utbildningsnivå, religion och traditioner varierar stort.

FÖRÄLDRAROLLER OCH INTEGRATION

Flera av föräldrarna har uttryckt en önskan att leva vidare sina gamla liv i Sverige, vilket varit svårt för majoriteten av dem. Det uttrycks som en besvikelse att deras kunskaper inte tillerkänts ett värde och att de varit tvungna att mer eller mindre börja om från början när de kommit hit, inom flera områden. Tre av papporna är kritiska till Sveriges sätt att bemöta människor med utländsk bakgrund. I pappornas kritik ligger en önskan om att kunna påverka och förändra sin situation, men att samhället, enligt dem, saknar kanaler för frågor, konfrontation, kritik. Detta kan i sin förlängning bryta ned en människas självförtroende, menar de, eftersom problemen förskjuts till individnivå. I ett sådant samhälle behöver inga strukturer stå till svars för att individer misslyckas, menar de. Detta kan jämföras med vad filosofen och sociologen Baumann (2002) har skrivit om hur "det individualiserade samhället" fungerar och tar sig uttryck. I dessa samhällen står individen ensam och hans eller hennes handlingar är resultatet av individens val och förmågor, snarare än att samhället styr individer att tänka och handla på ett visst sätt. I studien har det framkommit att främlingskänslans omfattning hänger ihop med hur väl föräldrarna lyckats integrera och etablera sig. Deras grad av utanförskap avspeglar sig också i barnens tilltro till samhället och möjligheterna att förverkliga sig där (Berry m.fl. 2006). Om barnen lär sig att de är stigmatiserade på grund av sin bakgrund (Goffman 2001), avspeglas den upplevelsen i relation till lärare och skola och andra arenor i livet. Utanförskap verkar gå i arv om inte förutsättningarna förändras till ett erkännande av samhället/det sociala fältet (Bourdieu 1979).

För kvinnorna i studien framstår främlingskapet i Sverige som starkare än för männen, vilket är en paradox eftersom kvinnor statistiskt sett är bättre på att integrera sig i det svenska samhället och anamma svenska normer än vad män är (Almqvist 2006). Kvinnorna har enligt Almqvist mer att vinna på att anamma jämställdhetsnormen. I studien pekar det i en annan riktning, eftersom kvinnorna i sina berättelser lyfter fram det traditionella synsättet där flickor ska spela instrument och pojkar aktivera sig med sport. Kvinnorna lyfter också fram modersmålet och föräldrarnas musikbakgrund som viktig, samt vikten av att upprätthålla traditioner för att hålla minoritetsgruppen samman.

Men materialet innehåller också en annan syn, där en mamma beskriver en besvikelse genom att hennes man tagit väldigt lite intryck av jämställdhetssträvandena i Sverige, vilket hon hade hoppats på att han skulle göra när de kom hit för snart tjugo år sedan. Uttalanden om genusförhållanden vittnar om att kvinnorna är överdeterminerade av olika diskurser som slåss om talerätt och inflytande i deras olika liv (La Clau & Mouffe 1985). Förenklat uttryckt kan man säga att kvinnorna befinner sig i en maktkamp mellan tradition och liberalisering. Kanske finns det en strävan efter och en önskan att lämna patriarkala strukturer bland kvinnorna. Men i uppfostran av barnen ligger möjligtvis det gamla idealet kvar, att det är skillnad på pojkars och flickors, kvinnors och mäns arenor (Hirdman 2008). Detta överensstämmer med Sjögrens (2006) beskrivningar av invandrargrupper i Sverige från patriarkala samhällen. Att vara en modern kvinna i Sverige konkurrerar med bilden av "den goda modern" (Hirdman 2008). Inre och yttre förväntningar på individen kan gå stick i stäv med mediediskurserna om kvinnan och mamman. Med Bourdieus (1979) begrepp habitus beskrivs arvet som går från generation till generation. Det kan tolkas som att gestaltningar av genus är relaterade till barndom vilket förmedlas mellan generationer på ett direkt och indirekt sätt. Detta kan vara en förståelsegrund för kvinnans inkonsekvens i förhållandet till sig själv och sina barn (Hofvander Trulsson 2010a, 2014).

Hälften av kvinnorna i studien var inte ute på arbetsmarknaden på grund av sviter från krigsskada och trauma och arbetslöshet. I likhet med Skeggs (2006) studie om utsatta arbetarklasskvinnor i Storbritannien, fanns det bland de intervjuade en längtan efter att bli accepterade och välkomnade i den svenska majoritetsbefolkningen, att få vänner och bekanta bland exempelvis grannar. Känslan av utanförskap och ensamhet som de beskrev hade också bidragit till att de i något fall varit deprimerade i perioder så att de inte klarat av att arbeta. För kvinnorna framstår det som ett stigma att vara av annan härkomst. De talade generellt öppnare om sina känslor än männen. De beskrev på ett mer ingående sätt hur deras liv såg ut under uppväxten och jämförde med deras nuvarande liv. Männen svarade mer precist på mina frågor och gav färre utläggningar som relaterade till deras eget liv.

Bourdieu (1979) beskriver det som en förkroppsligad historia. I studien framstod det som att de beslut som handlade om barnens aktiviteter, skolarbete, regler och uppfostran togs av både mammor och pappor. Intervjuerna med papporna visade tydligt att de var mycket engagerade i barnens liv med skolgång och musikaktiviteter (jfr det moderna projektet, Hirdman 2008). Båda parter var till synes engagerade och involverade, även om mammorna tidsmässigt verkade ta hand om barnens liv mer.

Försörjningsansvaret för familjen lyftes fram av papporna, vilket mammorna inte nämnde alls. Fyra av familjerna betalade stora summor varje månad för pianolektioner, fiol och danslektioner, vilket papporna talade mycket om. Jag tolkade pappornas uttalanden som att de bar på en oro att inte kunna få in tillräckliga inkomster för att finansiera musikaktiviteterna.

Oron för familjens ekonomi, som jag nämnt att papporna formulerat, och mammornas oro för barnens framtid ligger som en bordunton i flera av intervjuerna. Föräldrarna oroar sig också för att barnen ska hamna i fel umgänge, inte klara skolan eller råka ut för andra svårigheter. Musiken lyfts återkommande fram som ett viktigt skydd mot dessa farhågor.

DEN GRÄNSLÖSA MUSIKEN SOM INTEGRERAR

Ursprunget i hemlandet är centralt för alla informanterna. De beskriver ett nära och levande förhållande till platser från barndomen och uppväxttiden. Några har fortfarande kontakt med hemlandet, andra inte. Flera av föräldrarna upplever och använder sig av musiken för att återföra sig till en inre värld av minnen kopplade till hemlandet, där dofter och miljöer träder fram i deras berättelser. I informanternas utsagor tydliggörs hur nära kopplad musiken blir till hemlandet. Dessa minnen och erfarenheter beskrivs i flera utsagor som frusna ögonblick som skapar mening för livssituationen i Sverige och drömmen om hemlandet, två världar som knyts samman. Enligt Frith (1996) handlar det inte om hur musiken reflekterar människor utan hur musiken konstruerar folk. I stället för att föreställa sig att gruppen har värderingar som kommer till uttryck i musik, är det musik i en estetisk praktik, som i sig själv artikulerar en förståelse av både grupprelationer och individualitet. Studien visar att musiken också knyter samman geografiska platser som man utanför tid och rum kan förflytta sig till. Musiken, skriver Sæther (2007, 2008), konstruerar vår känsla av identitet genom direkta upplevelser. Den ger kropp, tid och gemenskap och möjliggör upplevelser som placerar oss i imaginära, kulturella narrativ. En av informanterna som lever i ensamhushåll och kommer från Iran berättar att avståndet från modersmålet utlöser en känsla av rotlöshet. Musiken har i detta fall skapat en naturlig brygga till hemlandet som han kan ta kontakt med när han vill, vilket det talade språket inte förmår. Han säger:

> Musiken betyder allt för mig. Hade jag inte haft den de senaste åren hade jag hamnat i problem. När man lever ensam … pratar inte någon ens språk hemma, men musiken kan man alltid lyssna på eller spela själv. Det är en stark kedja som håller dig fast till ditt hemland och din kultur. (Amir)

Anna beskriver att rötterna finns i Ungern, men att musiken kan länka samman och skapa hemkänsla på mer än en plats. Hon beskriver att hon känner sig hemma i Sverige, men att det har varit en lång resa för att få uppleva det.

Musiken knyter ihop och den är gränslös, det märker jag. Där kan man möta människor villkorslöst och gränslöst, ... det spelar ingen roll vilket språk man talar. Jag har rest mycket ... Det är inte alla länder där jag känner mig hemma. Jag vet inte varför jag inte kände mig hemma, om det var musiken, människorna eller platsen ... (Anna)

Känslan av "hemma" framstår här som något intuitivt, en stark koppling till uppväxtplatsen som präglats in i individens medvetande som ett habitus enligt Bourdieu (1979). Men känslan av "hemma", som Anna talar om, vittnar om att det kan upplevas på andra platser utanför uppväxtplatsen. Komponenterna för att känslan ska infinna sig hos individen framstår som slumpartade eller intuitiva, dock finns det en koppling mellan människor, plats och musik. Musiken ingår som en grundläggande artefakt för föräldern, Anna, för att kunna skapa känslan av "hemma".

Maria som kommer ifrån Uruguay säger att: "Rötterna stannar där man haft sin barndom. Jag har bott mer i Sverige än i mitt eget land, ändå säger jag fortfarande, mitt land om Uruguay." Även för henne finns det en koppling till musiken, vilket hon beskriver på följande sätt: "... när jag flyttade därifrån blev jag intresserad. Min morfar lyssnade mycket på tango när jag var liten, och jag tyckte att det var så tråkigt, men nu när man är så många mil därifrån så kommer det känslor." I intervjuerna framkommer det att musiken från ursprungslandet fungerar som ett kitt mellan de olika miljöerna, från barndomen och den nuvarande. Med musiken kan känslor väckas, minnen återkallas och livets historia och utveckling få en form för förståelse.

Nejra, som kommer från Bosnien och flydde kriget i forna Jugoslavien, uttrycker detta på följande sätt om sin son:

Han får aldrig glömma, fast han är född i Sverige och bor här, så är han inte svensk. Han har sina släktingar där. Han har sina rötter där, det ska han komma ihåg. Han kan inte glömma sina rötter. Han har inget svenskt namn. Man ska veta varifrån man kommer och vems föräldrar och far- och morföräldrar och släktingar är. Vi pratar bosniska hemma. Han har inte tid på grund av pianospelandet att gå på hemspråk, så det är viktigt att vi gör det hemma. Så fort han går ut måste han prata svenska. (Nejra)

På följande fråga, varför rötter är så viktiga, svarade hon så här:

> Om vi flyttat till Sverige för att vi ville, så skulle man inte glömma då heller. Men vi har inte längre vårt eget land, så jag kan inte säga att det inte betyder någonting. Jag kan inte glömma att jag är född och bott där i så många år. Jag kan inte glömma det som hänt och det ska inte mina barn heller göra. Det är mina barn. (Nejra)

Flera av informanterna har likartade berättelser om separationen från hemlandet, släktingar och vänner. Detta innebär ett trauma som skakat om deras liv i grunden, med att tvingas bort och skapa ett nytt liv med nya, ofta försämrade förutsättningar i form av boende, arbete och avlastning från släkt (jfr Ålund 1991). Denna oro avspeglar sig inte minst i deras tankar om barnens framtid i Sverige.

ATT VETA VARIFRÅN MAN KOMMER ÄR VIKTIGT

Flera av informanterna är högutbildade, men utbildningen har visat sig vara oanvändbar i Sverige, vilket resulterat i att de fått börja om från början från att ta studenten till att läsa på högskola. Att barnen lyckas med sina studier i grundskola och gymnasium, beskriver alla som en förutsättning för att det ska gå bra i framtiden. Att barnen får en högskoleutbildning är central för flera av föräldrarna. En pappa säger:

> Jag tror att barnen känner en stor press från oss, att går man och inte gör någonting med sitt liv så hamnar man i träsket, så enkelt är det.

Maria är inne på ett liknade spår och säger:

> När det gäller mina barn, dom är ju invandrare, så jag har tjatat på dem från början att de måste läsa vidare … Har man inte betygen så är man begränsad.

Li som kommer ifrån Vietnam berättade att hennes son inte fick bo kvar hemma om han inte läste upp sina betyg på komvux.

Många av familjerna som har musicerande barn har en medelklass-bakgrund vilket stämmer väl överens med barnen med svenskfödda föräldrar på kulturskolan. Medelklassidealet verkar följa samma mönster oavsett varifrån man kommer i världen. Bildning och utbildning är modell för hur livet ska förverkligas, oavsett vilket samhälle man lever i. Denna målbild infrias i vissa fall bland informanterna och i andra fall inte. En mamma uttrycker att: "jag letar alltid jobb, jag letar alltid".

Flera av föräldrarna har gjort en klassresa nedåt, rent materiellt, men inte bildningsideologiskt. Hos de föräldrar som inte lyckats omsätta sina utbildningsprestationer i motsvarande arbete, märks en oro som kommer till uttryck i samtalet, vilket också avspeglas i hur de talar om fostran av sina barn. Att barnen lyckas bli integrerade och att föräldrarna har lyckats i sin uppgift att lotsa barnen rätt är en utmaning för några av dem. Det finns i vissa fall en skuldkänsla hos framför allt mammorna att man utsatt barnen för denna flytt från ett land till ett annat, även om det rationellt sett inte funnits andra alternativ. Skulden kommer till uttryck i en hängiven satsning på barnen och i dessa fall i barnens spelande. Flera av mammorna är hemma på heltid på grund av förväntade könsroller mellan föräldrarna, krigs- och arbetsskador, depression och arbetslöshet.

Parallellt med denna integrationsprocess finns en vilja att barnen knyter an till föräldrarnas ursprung och födelseland genom modersmålet, musiken, maten och traditionerna. Eftersom flera av dessa föräldrar har en musikbakgrund som musiker eller amatörer är det en självklarhet att barnen också ska spela. Barnens intresse för föräldrarnas ursprung har i vissa fall kommit naturligt med all annan musikinhämtning som barnen oavbrutet tar till sig via internet, Ipod, sina instrumentlärare, kompisar med flera.

DEN FÖRBJUDNA MUSIKEN OCH SKILLNADER MELLAN POJKAR OCH FLICKOR

Musikens roll i olika länder runt om i världen kan se väldigt skiftande ut. De informanter som har ett ursprung i ett muslimskt land berättar om den "förbjudna musiken". Hassan säger att i flera muslimska länder har musik varit förbjuden av regimen i landet. Hassan, som kommer från Iran, pratar återkommande vilken viktig roll kulturen spelar och hur den ristas in i människors medvetande och habitus (Bourdieu 1986).

Som jag sa, så spelar kulturen en stor roll. Det är så att i det område vi flyttat ifrån, Turkiet, Irak, Iran, Pakistan, Afghanistan, det spelar ingen roll, det är muslimskt. Enligt islamska lagen får man inte höra eller spela något instrument. Det är förbjudet. Det är bara i krig och då är det marschmusik eller liknande. (Hassan)

Mariam berättar vad hon känner när hon lyssnar på persisk musik på följande sätt:

Ja, jag kommer in i min barndom, det är härligt. I ungdomstiden var det revolution och man fick inte lyssna på musik, det var förbjudet. Det fanns ingen musik någonstans och vi lyssnade i smyg. Jag vet inte hur många år, men det bara dog. Så det känns bra att få göra det nu. Under ungdomsåren var det en mycket svår tid. Nu har de börjat spela och unga tjejer gör konserter där nere, fast med sjal och sånt och de är jätteduktiga. Så var det inte när jag bodde där, det var förbjudet. (Mariam)

Citatet berättar att relationen till musik dog ut i samhället, enligt mamman, att musiken försvann och blev förbjuden. Detta satte djupa spår i form av saknad och tomhet.

Amir, som också kommer från Iran, beskriver hur han upplever hur det är med musikaliskt kunnande och utövande i Sverige.

I Sverige har vi lärt oss att alla som sitter på en bank, post eller vad som har provat att spela ett instrument, sjungit eller dansat. Varje svensk har gjort det, så är det inte i vårt land, det är bara musiker som sysslar med musik, ingen annan. Om du spelar för hundra iranier så kan de inte klappa takten. (Amir)

Amir säger det sista med glimten i ögat, men menar att iranier inte har fått samma chans att lära sig att ha en relation till musik, som liknar det som han har sett i Sverige. Mariam berättar att i vissa släkter har musikyrket gått i arv och att det bara är vissa familjer som har fått spela. Musikeryrket har inte haft någon status i deras hemland, berättar föräldrarna från Iran. Detta har varit en aktivitet som ifrågasatts av deras egna föräldrar, vilket flera av de intervjuade tar avstånd ifrån genom att i Sverige uppmuntra sina egna barn till att satsa på musik. Hassans son vill mycket med sitt spelande och skrivande och strävar mot musikhögskolan. Detta är Hassan stolt över, berättar han, men acceptansen är inte lika stor från släkten. "Om min syster eller pappa ringer från Iran, ska jag säga att min son spelar gitarr? Nej fan, han ska bli läkare."

Amir, som har en musikskola för persisk musik, är bekymrad över hur föräldrarna agerar när de försöker locka sina barn till att börja spela persisk musik. Han säger:

> Det finns till och med några stycken som pratar svenska med sina barn hemma. Språket är det första steget i en människas identitet, tycker jag, men de har missat detta. Sen vill de att deras barn ska lära sig persiska instrument och barnen vill absolut inte. Föräldrarna ger dem till och med poäng om de går hit, sen får de en cykel. (Amir)

Amir ger uttryck för ett dilemma där föräldrarnas makt och vanmakt står mot barnens vilja. Detta visar sig i mutor till barnen. Föräldrarna vill uppmana dem till att förskansa sig samma kulturella kapital som de själva är en del av. Medan barnen säkert är lika påverkade av omgivningen utanför familjen och samtidigt tillägnar sig kulturellt kapital från majoritetssamhället. De familjer, som enligt Amir, pratar svenska hemma skulle kunna tolkas som integrerade familjer i det svenska samhället.

Utifrån vad Hassan säger kan man förstå att det finns olika synsätt bland iranierna. De flesta iranier som kommit till Sverige är välutbildade och sekulariserade. Dock verkar patriarkala strukturer leva kvar inom familjen som avspeglar sig i flickornas rörelsefrihet. Jag frågar honom om han haft en dotter, skulle han låta henne spela då:

> Jag kan inte ge några garantier. Vi, jag säger vi invandrare, vi gör skillnad på pojkar och flickor. Kvinnor i våra länder (i Mellanöstern) är utsatta för dubbelt förtryck. Först är det regeringen som förtrycker hela befolkningen, det finns ingen demokrati och sådana saker. Sen förtrycks kvinnorna ännu mer, de försöker lösa en del av problemet med att de inte får läsa på högskola och så. Och med musik, teater och dans, om jag skulle intressera mig för det som pojke, skulle man säga till mig att du tjänar ingenting på det, du blir en nolla. Om en flicka skulle intressera sig för musik och teater, så skulle man säga att du blir en dansare. Dansare betyder att man är en hora. På det sättet är det stängda dörrar för flickor som vill välja konst. (Hassan)

Hassan beskriver hur förhållandet mellan pojkar och konstnärligt arbete laddas negativt och beskrivs som yrken utan bra inkomster och därmed utan status. För flickorna begränsas dessutom det konstnärliga till att även inbegripa deras kropp och heder. Om de deltar i sådana aktiviteter riskerar de att klassas som lösaktiga. Flickorna har restriktioner kring sin sexualitet som får långtgående konsekvenser för fritidslärandet.

Avslutning

Musikverksamhet i förskola och grundskola är förbunden med språklig och kulturell utveckling. Genom musiken kopplas identitet, kultur, sammanhang och känslor samman. För familjer som brutit upp i sina liv och försökt etablera nya liv, blir sökandet efter sammanhang väldigt viktigt. Musik kan både ge välbefinnande och öppna dörrar till återkoppling av minnen om människor och platser. Det handlar med andra ord om att lotsa sina barn i det nya samhället, men att samtidigt låta dem behålla och stödja deras kulturella förankring i sammanhang som är värdefulla för individen.

Föräldrars motivation att besluta "rätt" för sina barns etablerande i Sverige är hög eftersom invandrares situation ofta är både sårbar och kringgärdad med större utmaningar på arbets- och bostadsmarknad. Föräldrarna som ingått i min studie tycker musik är mycket viktigt för barnens utveckling. De vill ha en musikverksamhet som lär barnen verktyg för musicerande och sociala möten där hudfärg och språk är underordnade. De vill bilda sina barn och de ser musik som en viktig del i denna bildning (Hofvander Trulsson 2014).

I alla mina studier bland barn och föräldrar i södra Sverige har musikens möjligheter lyfts fram, där musikaktiviteter ger träning i samarbete, öppnar för möten och ger ett språk som inte är stigmatiserande. För föräldrar med utländsk bakgrund kan musiken också utgöra länken till det förflutna, på gott och ont för barnen. Musik har ett relativt högt kulturellt värde i Sverige, vilket en del av föräldrarna i denna studie ser som en möjlighet. Att ha musik genom åldrarna i förskola, grundskola och att kanske också gå på kulturskolan blir en sorts garanti för personlig utveckling, kreativitet och i många fall också integration.

Studien som kapitlet bygger på visar på den komplexitet som kan uppstå mellan olika generationers önskemål och förhoppningar. Medan föräldragenerationen till och med mutar barnen för att de ska spela "sin egen" musik, kanske barnen har andra önskemål som mer ligger i linje med deras identitet och generations uttryck. Detta behöver dock inte vara en motsättning, eftersom föräldrar generellt vill skapa förankring och rötter i sina barn, mycket tyder på det utifrån deras berättelser (Hofvander Trulsson 2010a, 2014). Därför blir också modersmålsundervisning viktigt för att skapa identitet och sammanhang. Musiken från "hemlandet" kan ses ligga i linje med just detta.

Det finns många obesvarade frågor. De föräldrar som intervjuats här har trots allt uppmuntrat sina barn till att delta i olika typer av musikundervisning dels i skola och dels på fritiden. Några frågor som kommer upp som behöver studeras vidare är hur invandrarföreningars musikskolor arbetar och om deras arbete integrerar familjer med utländsk bakgrund eller om de förstärker utanförskap? En del föräldrar väljer musikskolor i privat regi eller hos invandrarföreningar, vad gör det med integrationen och musikämnet i skolan? Kan barnen som lär sig om arabisk musik på fritiden eller hemma använda de kompetenserna i grundskolan? Fångar musiklärare och lärare upp deras kunskaper?

Litteratur

Alfakir, N. (2010). *Föräldrasamverkan i förändring: handbok för pedagoger.* Lund: Liber.

Almqvist, K. (2006). Identitet och etnicitet. I: A. Frisén & P. Hwang (red.) *Ungdomar och identitet.* Stockholm: Natur och Kultur.

Baumann, Z. (2002). *Individualiserade samhället.* Göteborg: Bokförlaget Daidalos.

Berry, J. W. & Sam, D. (1997). Acculturation and adaptation. I: J. Berry, M. Segall. & C. Kagitcibasi (red.) *Handbook of cross-cultural psychology: vol. 3: social behaviour and applications,* s. 291–326. Boston: Allyn & Bacon.

Berry, J. W., Phinney, J. S., Sam, D. L. & Vedder, P. (2006). *Immigrant youth in cultural transition: acculturation, identity and adaptation across national contexts.* London: Lawrence Erlbaum Associates Publishers.

Bhabha, H. (2005). Det tredje rummet. I: C. Eriksson., M. Eriksson Baaz & H. Thörn (red.) *Globaliseringens kulturer: den postkoloniala paradoxen, rasismen och det mångkulturella samhället.* Falun: Nya Doxa.

Björck, C. (2003). *Musik och kulturell identitet: en fallstudie med elever från Internationella Dans- och Musikskolan i Hjällbo, Göteborg.* Göteborg: Utvärderingsrapport av projekt IDM.

Bouakaz, L. (2007). *Parental involvement in school: what hinders and what promotes parental involvement in an urban school.* Malmö: Malmö Högskola, Lärarutbildningen.

Bourdieu, P. (1979). *Outline of a theory of practice.* Cambridge: Cambridge University Press.

Bourdieu, P. (1986). *Kultursociologiska texter.* Av D. Broady & M. Palme (red.). Stockholm: Salamander.

Bunar, N. (2006). Skola mitt i byn – bara för invandrare? *i&m, Invandrare och minoriteter,* januari 2006, årgång 33.

Frith, S. (1996). Music and identity. I: S. Hall & P. du Gay (red.) *Questions of cultural identity.* Oxford: Oxford University Press.

Giddens, A. (2003). *En skenande värld: hur globaliseringen är på väg att förändra våra liv.* Kristianstad: SNS Förlag.

Giddens, A. (2009). *Sociology* (6 uppl.). Cambridge: Polity Press.

Goffman, E. (1971/2001). *Stigma: en avvikares roll och identitet.* Stockholm: Norstedts akademiska förlag.

Goldstein-Kvaga, K. & Borgström, M. (2009). *Den tredje identiteten: ungdomar och deras familjer i det mångkulturella, globala rummet.* Huddinge: Södertörn Academic Studies 39.

Grafström, M. (2007). *Kulturskolan – en skola för alla?: en studie om kulturskolans tillgänglighet med fokus på avgiftsfrihet.* C-uppsats, Malmö: Musikhögskolan i Malmö.

Hirdman, Y. (2008). *Genus: om det stabilas föränderliga former.* Malmö: Liber.

Hofvander Trulsson, Y. (2004). *Kulturskolan i integrationens kraftfält.* Magisteruppsats, Malmö: Musikhögskolan i Malmö.

Hofvander Trulsson, Y. (2010a). *Musikaliskt lärande som social rekonstruktion: musikens och ursprungets betydelse för föräldrar med utländsk bakgrund.* Doktorsavhandling, Malmö: Lunds universitet, Musikhögskolan i Malmö.

Hofvander Trulsson, Y. (2010b). Musical fostering in the eyes of immigrant parents. *Finnish Journal of Music Education (FJME),* 13 (1), s. 25–38.

Hofvander Trulsson, Y. (2013). Chasing children's fortunes: cases of parents' strategies in Sweden, the UK and Korea, s. 125–140. I: P. Dyndahl (red.) *Intersection and interplay: contributions to the cultural study of music in performance, education, and society.* Malmö Academy of Music Perspectives in music and music education, nr 9. Lund: Lunds universitet.

Hofvander Trulsson, Y. (2014). Barnet som investering för medelklasskultivering, generationell mobilitet och social framgång. I: A. Persson & R. Andersson. *Vetenskapliga perspektiv på lärande, undervisning och utbildning i olika institutionella sammanhang,* s. 195–214. Lund: Lunds universitet. ISBN: 978-91-7473-862-9 (tryck), 978-91-7473-863-6 (pdf).

Laclau, E. & Mouffe, C. (1985). *Hegemony and socialist strategy: towards a radical democratic politics.* London: Verso.

Lahdenperä, P. (2005). "Hur blir jag lagom konfliktundvikande?". i&m, Invandrare och Minoriteter, Temanummer Värdet av ett jobb, nr 5–6. November 2005.

Lahdenperä, P. (2006). Samma gamla pedagogik? i&m, Invandrare och Minoriteter, januari 2006, Årgång 33.

Mlekov, K. & Widell, G. (2003). Hur vi möter mångfald på arbetsplatsen. Lund: Studentlitteratur.

Phinney, J. S. & Rosenthal, D.A. (1992). Ethnic identity in adolescence: process, content and outcome. I: G. R. Adams, T. P. Gullota & R. Montemayor (red.) Adolescent identity formation: advances in adolescent development, 4, s. 145–172. Nexbury Park, CA: Sage.

Phinney, J. S. & Flores, J. (2002). Unpacking acculturation: aspects of acculturation as predictors of traditional sex role attitudes. Journal of Cross-cultural Psychology, 33 (3), s. 320–331.

Plantin, L. (2001). Mäns föräldraskap: om mäns upplevelser och erfarenheter av faderskapet. Göteborg: Göteborgs universitet.

Rushdie, S. (2005). Imaginära hemländer. I: C. Eriksson, M. Eriksson Baaz & H. Thörn (red.) Globaliseringens kulturer: den postkoloniala paradoxen, rasismen och det mångkulturella samhället. Falun: Nya Doxa.

Ruud, E. (2002). Varma ögonblick. Om musik, hälsa och livskvalitet. Södertälje: Bo Ejeby Förlag.

Ruud, E. (2006). Musikk og identitet. Oslo: Universitetsforlaget.

Sernhede, O. (2002). Alienation is my nation: hiphop och unga mäns utanförskap i det nya Sverige. Stockholm: Ordfront förlag.

Sjögren, A. (2006). Här går gränsen: om integritet och kulturella mönster i Sverige och medelhavsområdet. Mångkulturellt centrum, Sveriges invandrarinstitut och Museum. Stockholm: Bokförlaget Arena.

Skeggs, B. (2006). Att bli respektabel: konstruktioner av klass och kön. Göteborg: Bokförlaget Daidalos.

Stokes, M. (1994). Ethnicity, identity and music: the musical contruction of place. Oxford/Providence, USA: Berg.

Sæther, E. (2007). Social integration genom musik. Rapport från ett utvecklings-projekt kring musikundervisningens villkor i mångkulturella klasser. http://www.filmis.eu/SIM

Sæther, E. (2008). When the minorities are the majority: voices from a teacher/ researcher project in a multicultural school in Sweden. Research Studies in Music Education, 30 (1), s. 25–42.

Sæther, E. & Hofvander Trulsson, Y. (2010c). En musiklärares utmaningar. I: P. Lahdenperä & H. Lorentz (red.) Möten i mångfaldens skola: interkulturella arbetsformer och nya pedagogiska utmaningar. Lund: Studentlitteratur.

Ålund, A. (1991). "Lilla Juga": etnicitet, familj och kvinnliga nätverk i kulturbrytningarnas tid. Stockholm: Carlsson.

KAPITEL 4

Plats för kreativitet

ANNA HOUMANN

Vad är en inspirationsgivande plats för undervisning och lärande? Hur skiljer sig en ung människas perspektiv på lärandemiljöer från en vuxens perspektiv? På vilket sätt kan vi lära från eleverna genom att uppskatta kreativiteten i hur de använder material från en icke-skolkontext och genom att lyssna till deras röster och respektera deras visioner? Kan vi försäkra att de platser vi skapar stödjer deras engagemang både i lärandet och i skolan?

Att släppa lös kreativiteten

Under den senare delen av 1900-talet och i inledningen på 2000-talet har vikten av kreativitet ökat markant inom utbildning (Houmann & Saether 2013). Tillsammans med Sir Ken Robinson sammanställde the National Advisory Committe on Creative and Cultural Education (NACCCE 1999) empiriska resultat från forskare, såsom Jeffrey och Woods (1997), Craft (1997) och Harland m.fl. (1998), som under 1990-talet hade skiljt mellan kreativ undervisning, det vill säga kreativitet i pedagogik, och undervisning för kreativitet, med fokus på utvecklandet av kreativitet hos den som lär sig. Nyckelresultaten från det här arbetet var att *kreativt lärande* innebär att elever upplever innovation i klassrummet, kontroll över aktiviteterna och sin utveckling, tillsammans med en känsla av relevans och att man äger sitt lärande; dessa fyra kännetecken är också särdragen på kreativ undervisning (Jeffrey & Woods 2003).

Skolan är i dag en arbetsplats för cirka 1,5 miljoner människor, en plats vars uppdrag är minst sagt komplext. Här finns en mängd olika ämnen relaterade till en gemensam läroplan och dessutom en dynamisk miljö fylld av växande människor och deras olika ingångar till kunskap. Arbetet i skolan påverkas i stor utsträckning av skolmiljöns utformning både fysiskt och pedagogiskt. Om den pedagogiska modellen och rummet där verksamheten bedrivs inte samverkar och stöder varandra, försvårar det möjligheterna att uppnå bra resultat i skolan (Michelsen 2012). Många av våra skolor byggdes i en tid då synen på undervisning och lärande, synen på skolan i samhället, var väldigt annorlunda (Burke & Grosvenor 2003). Klassrummen var tänkta att rymma ett visst antal elever, som skulle instrueras samtidigt av en lärare. Dessa historiska aspekter på skolmiljön har också gett oss historiskt placerade beslut om design och undervisning som reflekterar dåtidens sanningar. Arvet efter dessa beslut kan innebära att det ibland är svårt att fatta både pedagogiska och designmässiga beslut för lärande och undervisning som är lämpade för 2000-talet (Robinson 2010)

Enligt Burke och Grosvenor (2003) kommer vi antagligen att se tillbaka på den tid som vi lever i nu och betrakta nutiden som den sista tidsperiod då kunskapen fördelades snyggt i ämnesområden enligt läroplaner och kursplaner, placerade i förbestämda rum i skolan. Vi kommer samtidigt att minnas den här tiden som då skolan och lärandet gick utanför skolans väggar, införlivade andra offentliga ytor för lärande och nykunskapande, inklusive museer, gallerier och labb. Vi kommer också att känna igen en återgång till elev-centrering men i en ny dräkt, numera känd som individualiserat lärande, och via ny teknik, inklusive handhållna apparater, börja omforma lärandet där vi skapar nya erfarenheter i förhållande till tid och plats och i relationen mellan lärare och lärande.

För att lärande- och undervisningsmiljöer ska vara kreativa menar NACCCE (1999) att både vuxna och unga behöver stöd från en fysisk miljö som ger dem:

• förmåga att formulera nya problem, snarare än att förlita sig på att andra definierar dem
• förmåga att omsätta vad de lär i olika kontexter
• förmåga att känna igen att lärande är en pågående, tilltagande process som innefattar att misslyckas och att lära genom misslyckanden
• förmåga att fokusera sin uppmärksamhet i strävan efter ett mål.

NACCCE gav också rekommendationer för utvecklingen av riktlinjer för kreativ undervisning och kreativt lärande i Storbritannien. Det ledde till att Qualifications and Curriculum Authority under ett antal år arbetade fram riktlinjer baserat på ett fyraårigt utvecklings- och forskningsprojekt i ett stort antal skolor (QCA 2005, 2008a, 2008b). Utifrån dessa riktlinjer har det sedan tillkommit flertalet innovationer i läroplanerna, lärande och pedagogik, och utanför skolor, vilka alla förhåller sig till den definition av kreativitet som fanns i NACCCE:s rapport och på vilket sätt den uttrycktes i relation till kultur och som ett demokratiskt koncept. NACCCE såg kreativitet som en "imaginative activity, fashioned so as to produce outcomes that are original and of value" (NACCCE 1999 s. 29). Det demokratiska förhållningssätt som antogs, tillsammans med kopplingen mellan kreativitet och kultur, representerade ett signifikant skifte, bort från tanken att kreativitet endast är tillgängligt för de talangfulla och i stället mot tanken där lärandet ses som en möjliggörare för kreativitet i och utanför klassrummet (t.ex. Jeffrey & Craft 2001; Sefton-Green 2008).

Elevers syn på skolmiljön

Is life divided up into sections? No, I say.
Then why have subjects at school?
Teach living at school,
And living means understanding,
And understanding is all.
The school we'd like is:

– A beautiful school

– A comfortable school

– A safe school

– A listening school

– A flexible school

– A school without walls

– A school for everybody

BURKE & GROSVENOR 2003 S. 17

Forskningsrapporten *The school I'd like: children and young people's reflections on an education for the 21st century* (Burke & Grosvenor 2003) gav insikt i vad elever vill ha ut av sin lärandemiljö. Ett exempel på det ses i citatet på föregående sida där eleven ifrågasätter uppdelningen av kunskap i ämnen och därmed visar på skillnaden mellan den planerade kursplanen och den levda kursplanen. Rapporten framhöll att det kunde ge ovärderlig kunskap att lyssna till eleverna själva. Elevernas röster kan användas till att förbättra miljöer så att de kan förstärka både lärande och välmående. Burk och Grosvenor (2003) menade att elevers välbefinnande, trygghet, stimulans och känsla av ägande är kopplat till deras skolresultat. I citaten nedan ger eleverna olika exempel på hur skolan skulle kunna organiseras, både till innehåll och form, ur ett elevperspektiv. Det framgår också tydligt att eleverna har insikt i hur lärande går till, hur läraryrket är konstituerat, vikten av variation och de estetiska ämnenas betydelse. Det citaten framför allt visar är att elever både har kapacitet och rätt att utforma sin nutid och framtid.

> There would also be many comfortable and informal meeting places for creative interaction in small groups and key issues, not just on the syllabus but also wider issues occurring locally and elsewhere. (Jonatan, age 17, Manchester)

> Art would be a huge part of education. The children would be able to do huge murals, statues, and so on, to be put around the school. This will make the children feel that they made part of the school. (Oliver, age 12, Taunton)

> Students learn concepts by doing – seeing, smelling, hearing, touching and tasting as well as thinking, either creatively or logically … so that learning is meaningful and practical. (Oliver, age 13, Loughborough)

> Teachers should not be tied down by tight restrictions the curriculum presents. They should be able to plan a lesson in the way they wish and develop it into a worthwhile life lesson; maybe the pupils will treasure it and apply it within their lives. Captivation of the imagination guarantees a lesson will stay with a person and not be forgotten the moment the classroom is vacated. (Angela, age 15, Croydon)

> My ideal school would have a normal lesson but one lesson a week would be given up relaxing and unwinding. I think this would calm down those students who are troubled because of the life they lead. (Elisabeth, Upper Secondary, Suffolk)

BURKE & GROSVENOR 2003 S. 118

Ur en enkät gjord av *Independent* 2006 klagar totalt 60 procent av engelska elever över för lite utrymme och trånga lärmiljöer. Barn behöver utrymme för att kunna vara kreativa, och det är inte lätt att åstadkomma i skolor som är utformade enligt klassrums/korridormodellen. Det innebär att själva skolans utformning är en dämpande faktor på elevers kreativitet. I forskningsprojektet *Skolan suger, eller?* (2010–2011) fick drygt 200 elever i åldrarna 11–15 år reflektera över sin skolmiljö. Syftet med projektet var bland annat att synliggöra elevers röster i förhållande till hur skolan kan bli den bästa platsen för lärande. Elevernas reflektioner visar tydligt hur skolan ur elevens perspektiv är mycket mer än själva undervisningen: den sociala miljön, de tidsmässiga ramarna, grundläggande behov som mat, värme och fysisk aktivitet. Många av elevernas berättelser innehöll reflektioner om tidsregleringen i skolan. De uttryckte ett missnöje med hur tiden struktureras och regleras i skolan. De reflekterade även kring hur klassrummen kan göras trevligare och mysigare, med lugna färger, behaglig temperatur och sköna stolar.

Enligt Burke (2007) är kursplanen, som är organiserad utifrån korta perioder, en av de mest kraftfulla faktorer som motarbetar kreativitet (Burke 2007). Lärare är på så sätt positionerade till att instruera snarare än att möjliggöra. Att tillåta elever självständighet i lärmiljöerna i skolan kan upplevas hotande för lärare som är rädda för att tappa kontrollen. Miljöer som är inspirationsgivande och stödjer kreativitet kan åstadkommas genom att omdesigna och omorganisera befintlig miljö, speciellt om vi kritiskt granskar behovet av klassrummet som den huvudsakliga byggstenen för skolan.

Den bekymmersamma kreativiteten

Innan vi fortsätter och fördjupar hur man skapar lärandemiljöer där kreativiteten kan frodas, behöver vi klargöra vad vi menar med kreativitet. Innebörden av kreativitet är svår att fastställa, men det finns flera förslag på definitioner relaterade till att förutse framtida lärmiljöer.

Bentley (2002) föreslår att kreativitet är "the application of knowledge and skills, in new ways, to achieve valued outcomes". Rapporten från NACCCE, *All our futures* (1999), betonar i vilken utsträckning kreativitet involverar användningen av fantasi. Ofta involverar kreativt lärande att hitta vägar för att generera ett nytt perspektiv på en existerande fråga eller praktik och genom att i processen tänka om eller revisionera och på så sätt förstå det djupare. Det åstadkoms oftast genom att föra samman existerande idéer och strukturer i nya kombinationer (Houmann & Saether 2013). Kreativiteten ska driva på fantasin och de optimala förutsättningarna för att det ska hända skiljer från individ till individ.

Om kreativiteten främjas av strukturer, miljöer och situationer som stödjer eleverna i att närma sig hela läroplanen på ett sätt som skapar kopplingar tvärs över den, främjar den deras förmåga att använda kunskaper på ett flexibelt sätt och ökar deras kapacitet att använda andra, informella, lärande resurser. Det innebär en stor utmaning för de traditionella föreställningarna om skolmiljöer och tid. Det innebär att skolan inte längre rymmer alla nödvändiga kunskaper och förmågor utan är en plats där kunskap kan utvecklas och göras ny. På så sätt är skolan navet i ett komplext nätverk av potentiella interaktioner mellan unga människor, deras lärare och det vida samhället som kräver ett förändrat sätt att tänka i designen av läroplanen, klassrummet och lärandet. Sådant tänkande utmanar uppdelningen av byggnader utifrån specifika ämnen och hur vi sedan undervisar inuti dessa byggnader.

Kreativitet i lärande och undervisning sker inte bara i miljöer relaterade till estetiska ämnen utan är möjliga tvärs över hela bredden av den nuvarande läroplanen. Potentiellt är det centralt för utvecklingen av helt nya områden av läroplanen, såsom innovativt lärande, vilket är ett ämne i den nationella läroplanen på Island (se: www.innoed.is) där skolor skapar tid och utrymme för problembaserat projektarbete som rör sig genom processen att definiera problemet, utforma lösningen och skapa en säljbar produkt. Om kreativitet är svårt att definiera, är en sak säker, det vill säga att det är möjligt att skapa de förutsättningar där kreativitet blomstrar och materialet och miljön är en nyckelfaktor. Bentley säger följande:

> Creative learners are people who understand the potential to learn from any and all of their encounters with the world, as well as from the formal, taught curriculum they access.
>
> BENTLEY 2002 S. 2

Eleverna kommer att behöva utsättas mindre för ett linjärt mekaniskt förhållningssätt till lärande och mer för en väv av möjligheter och perspektiv. Av den anledningen behöver vi tänka på platser i läroplanen som tillämpning av mental plats, fysisk plats och virtuell plats, när schemat ska läggas. Enligt NACCCE finns det fyra kännetecken på kreativa processer:

- De innehåller fantasifullt tänkande eller beteenden.
- Aktiviteten har ett tydligt mål.
- De måste åstadkomma något nyskapande.
- Resultatet måste vara av värde i förhållande till målet.

Innovation är del av kreativiteten. Det kan undervisas i skolor och har en nyckelroll att spela i stödjandet av entreprenörskap genom sina rötter i problemlösning och i att möta olika behov. Det kan användas i tvärämnesarbete med barn och ungdomar som aktörer beredda att möta ekologiska och sociala utmaningar i det nya århundradet.

Innovation och uppfinningsförmåga handlar om att observera noga, kritiskt överväga och i att artikulera problem och lösningar. Här är fantasi en nyckelfaktor. Fantasin är inte lättförstådd men unga människor är väl situerade för att med hjälp av sin fantasi se möjliga lösningar på problem i den verkliga världen.

Om förutsättningar för fantasi finns, hur kan fantasin då bäst släppas fri? En sammanfattning av forskning på området visar följande strategier när det gäller att uppmuntra fantasin: använd dialog (som behöver tid och plats), drömtid (rum avsedda för drömmar), experiment, storytelling, gå utanför skolans väggar och skapa möten med det omgivandet samhället, tillåt eleverna att använda sin omgivning för att kunna identifiera problem och sedan utveckla fantasifulla lösningar.

Idén om ett bättre sätt att arbeta

De musiklärare som vi utbildar i dag kommer att undervisa barn och ungdomar som föds på 2040-talet och går i pension runt 2015. Det enda vi vet om vad de kommer att ha nytta av på vägen är förmågan att skapa nytt, med mening. Det vill säga kreativitet. Musikundervisning har en stor potential att utveckla och tydliggöra och därmed bidra till en omvandling av synen på kunskap inom utbildning och skola (Houmann & Saether 2013). Det finns gott om forskning som visar att kreativitet är alldeles livsnödvändigt för såväl individ som samhälle. Det finns dessutom gott om studier som visar konstens förmåga att ge näring till och fostra denna kreativitet (www.creativities.org). I projektet "Creativities – transcending boundaries in higher music education" var syftet att låta kreativitet genomsyra den nya lärarutbildningen i musik vid Musikhögskolan i Malmö, och samtidigt bidra till kunskapsfrontens utvidgning genom nationella och internationella forskarnätverk.

I projektet framkom det att undervisning och relationer kan designas för att göra det möjligt för elever att förena olika erfarenheter på innovativa och fantasifulla sätt. Sådan undervisning borde medföra relationer mellan lärande, lärare och läroplanen som främjar:

• frågor och utmaningar
• att göra kopplingar och att se förhållanden
• förutse det som komma ska
• lek med idéer och att hålla alla dörrar öppna
• framställa idéer på olika sätt.

All undervisning i skolan kan inte eller ska inte alltid tillåta alla dessa punkter, men skolan borde arbeta mot lösningar som innehåller så många punkter som möjligt. Undervisning som stödjer ett frågande och utmanande beteende kanske inkluderar möjligheten till en-till-en-samtal, kollaborativ gruppdialog och kommunikation (i real tid eller asynkron tid, till exempel via digitala eller interaktiva system).

Undervisning designad för att tydliggöra kopplingar och relationer över traditionella ämnesgränser och kursplaner kan innebära att matematik ibland undervisas i bildsalen där man använder material och utrustning som vanligtvis finns där; musik kan undervisas i kemisalen. Sådana omflyttningar och kännedom om traditionella associationer mellan ämneskunskap, undervisning och fysiska rum inom skolan kan hjälpa att smida kreativa kopplingar mellan och tvärs över läroplanen och kan hjälpa till att främja nya, spännande och engagerande perspektiv på ämnet för lärare såväl som elever.

Fysiska miljöer som hjälper lärare och lärande att föreställa sig hur det skulle kunna vara är bestämda tankerum, kanske utskurna ur befintliga rum som inte används i skolan, omdöpta till think-tanks eller framtidsrum. En grundskola mot lägre åldrar i London (CARA project, Latchmere Junior

School, Kingston-upon-Thames – se CARA 2005) undersökte olika sätt att skapa lärmiljöer för att inspirera elevernas kreativitet och främja förutsättningarna för lärande genom meditation, avslappning och studieteknik. De utvecklade ett "kreativitetsrum" och ett "meditationsrum" och undersökte sedan hur skapandet och användandet av rummen påverkade eleverna. Det kreativa rummet byggdes med delar från ett prefabricerat hus och har sedan det färdigställdes använts för aktiviteter som skrivande, filmskapande, IT och drama. Resultatet av undersökningen visade att projektet hade haft en positiv påverkan på elevernas lärande genom att elevernas självkänsla och känsla av välmående hade stigit genom att de var involverade i utformningen av meditations- och kreativitetsrummet. Eleverna drog också nytta av att ha lärt sig specifika tekniker för avslappning och kreativt tänkande i de renoverade rummen. De upplevde ett större delägande i sin lärmiljö när man gett eleverna möjligheten att utforma och skapa det.

Resultatet visade också att elever som arbetar i sitt eget kreativa rum blev mer engagerade i skrivandet och att personalen upplevde att de nya rummen blev en kreativ resurs för hela skolan.

Det finns belägg för att den här typen av rumsliga experiment också kan användas med äldre barn i högre årskurser. Exemplet från CARA-projektet från 2005 inkluderar också ett samarbete med Belper School där eleverna samarbetade med praktiserande arkitekter för att utforma en kreativ yta i skolans reception (CARA 2005). Ett skandinaviskt exempel är projektet *Plats för kunskap* (Michelsen 2012). Projektet hade som syfte att ge inspiration till morgondagens syn på det fysiska rummet för lärande samt att också i praxis vara en del av byggandet av morgondagens platser för kunskap. Genom att låta elever, lärare och övrig personal som har sin dagliga gång i skolan vara delaktiga i ett förändringsarbete ökar den ömsesidiga förståelsen. "Man kan uppnå förståelse och kunskap hos eleverna om den demokratiska processens dynamik och dessutom nå ett bättre resultat i utformningen av den fysiska miljön" (Michelsen 2012 s. 26).

En viktig aspekt av utformningen av rummen är att lärare och elever förstås som jämlika, i sådana rum, som potentiella föreställare av framtiden (NACCCE 1999). Material och utrustning i sådana rum ska väljas noggrant av alla för att främja tankeprocesser, fantasi, design, innovation och ska inte vara förbestämda av lärare.

Undervisning och miljöer som tillåter lek med idéer, håller alternativen öppna och framställer idéer på en mängd olika sätt, kan vara rum som uppmuntrar drama, berättande, foto, film, bloggande och utställningar. Den traditionella designen på skolan – genom upplägget av tid, rum och utvärdering – föreslår ett arbete som avslutas (Burke & Grosvenor 2003). Miljöer som främjar kreativitet behöver tillåta oavslutat arbete i process och den stegvisa utvecklingen av ny kunskap. "Fortsättning följer ..." antyder att omformandet av tid – även om det bara gäller för vissa delar av utbildningen – är att tillåta projektbaserade, experimentella, innovativa strukturer som förväntar och stödjer ebb och flod i genereringen av idéer. En viktig del av den här processen är att organisera tid och rum för att låta eleverna utvärdera genomslagskraften av sina idéer; produkter som processer.

Olika miljöer för kreativt lärande

På skolor med inriktning mot högre åldrar, kan skolan innehålla följande typer av rum: formellt instruerande, det vill säga klassrum eller föreläsningssalar när direkt instruktion eller demonstration behövs, och informellt instruerande rum som används vid workshoppar, laborationer eller ateljéarbete.

Vi är alla bekanta med den typ av undervisning och lärande som ska ta plats i sådana miljöer och de är nödvändiga för speciella syften, men inte för alla. Vi borde förflytta oss från idén att hela skolans kursplaner måste förmedlas på avsedda platser för att kunna stimulera kanaler till kreativitet och kunskapande i skolan (Robinson 2009).

Kreativa lärmiljöer borde öppna upp för möjligheten att tänka annorlunda kring ett problem och stimulera olika förhållningssätt genom att öppna upp ett frågande och undersökande tillvägagångssätt. Miljöerna skulle kunna stötta olika svarsalternativ till de frågor som lärare och elever har identifierat och på så sätt föra båda in i rollen som kreativt lärande och nykunskapare. Några exempel som har prövats i samband med utformningen av nya skolor är till exempel lägereldsrum (lägereld är en metafor som kan användas i skapandet av ett rum eller en lärsituation där du förväntas lära genom narrativ som sjungs eller berättas) och grottrum (där du finner en plats för självstudier, reflektion, tyst läsning och kreativt flöde). Bibliotek är ett vuxet perspektiv på en tyst plats där man studerar men ses ofta som en oinspirerad plats av unga. Grottrum är ett utrymme där en eller två elever kan mötas och få möjlighet att diskutera, läsa, tänka och komma bort (Nair & Randall 2013).

Den här typen av rum och undervisning har elever sett som lärkapslar där det utvecklas, genom teknologi, en zon av lärmöjligheter där de kan få tillgång till information, kommunicera med andra, utforma rummet så att det förstärker deras välbefinnande och deras identitet. Skolor som har utvecklat sådana rum och med gott resultat är till exempel the Zoo School i Minnesota (www.district196.org/ses). De har organiserat om hela läroplanen utifrån metoden PBL (problembaserat lärande). Här har varje elev en egen arbetsstation som ser ut som en kontorskvadrat, med en egen dator, plats för förvaring, böcker och annat studiematerial. Det mest intressanta med arbetsstationerna är de saker som berättar något om vems arbetsstation det är: fotografier, teckningar och saker som resonerar mot personens identitet och tillhörighet. Den här typen av arrangemang är inte nya men fortsätter att återuppstå som rumsliga lösningar i ett försök att uppmuntra och tillåta integration i läroplanen genom att placera klassrummen runt delade utrymmen. Ytterligare exempel är Linnéskolan och Kirsebergsskolan i Malmö Stad som bägge ingick i projektet *Plats för kunskap* (2012).

RUM FÖR INSPIRATION – KREATIVA MIKROÖGONBLICK

Inspirationsgivande rum är inte bara rum för undervisning och lärande av estetiska ämnen. Hela läroplanen kan mötas med ett kreativt förhållningssätt (Burke & Grosvenor 2003). Genom att föra samman mer än ett område i läroplanen i ett rum kan det främja kreativitet i undervisning och lärande.

Undervisning som väcker kreativitet bör signalera en respektfull och tillitsfull relation mellan lärande och lärare i den fysiska inramningen eftersom den nödvändiga acceptansen av risktagande, *trial and error* och frihet att experimentera stöds av en sådan inramning. Av den anledningen är det viktigt att se på varje undervisningssituation utifrån en 50/50 princip. Den innebär att du som lärare investerar dina 50 procent och sedan skapar förutsättningar så att eleverna kan investera sina 50. I sådan undervisning är det viktigt att lärare respekterar den kunskap och uppfinningsrikedom som elever tar med sig till skolan och som kan bli en resurs för andra, även för lärarna.

Creative spaces are more likely to be found on the edges of rooms than in the middle because these are the sites where we might find nooks and crannies, meeting corners and softer, less exposed areas for dreaming and thinking.

BURKE & GROSVENOR 2003 S. 43

Samma sak kan sägas om rummet utanför skolbyggnaden, där det ofta är runt kanterna på byggnader eleverna samlas för sociala aktiviteter och där fantasin och meningsskapandet flödar i relation till den naturliga och byggda miljön.

Ytterligare en dimension handlar om att ta tillvara vardagens mikro-ögonblick för att främja elevernas kreativitet. Kreativitet i undervisningen ses gärna av lärare som något extra och utanför kursplanen (Aljughaiman & Mowrer-Reynolds 2005). Något som kräver tid, resurser och förhindrar att man når målen i kursplanen för de enskilda ämnena. Att utveckla en förståelse för den kreativa potential som finns i vardagens mikroögonblick är ett nödvändigt första steg för att försäkra sig om att man uppmärksammar de möjligheter som finns att främja elevers kreativitet. Kreativa mikroögonblick uppstår i klassrummet varje gång den planerade lektionen möter den levda lektionen (Beghetto & Kaufman 2011). Spänningsfältet mellan den planerade och den levda lektionen skapar en tillfällig möjlighet för elever och lärare att utforska, lära och uppleva något nytt, icke-planerat och oregisserat. Ett av de vanligaste mikroögonblicken i klassrummet är när elever svarar på ett oväntat sätt på en fråga som har ett förväntat svar. Även om det finns många olika sätt för lärare att hantera det här handlar det oftast om två alternativ: att försöka förstå eller att försöka bli förstådd. När lärare väljer det första alternativet försöker de förstå den potentiella relevansen i det oväntade svaret eller idén. Det förutsätter att läraren är villig att ta tid från lektionen för att utforska en idé som kanske innebär att de kommer från planeringen och ut på osäker mark. När läraren väljer det andra alternativet försöker de få eleven att förstå det svar som de egentligen förväntade sig att höra. Här följer ett exempel som illustrerar det första alternativet:

LÄRAREN: Låt oss snabbt gå igenom några av de tal som vi har pratat om. Vad blir två plus två?

ELEVERNA: Fyra!

LÄRAREN: Rätt. Två plus två blir fyra ... Sofia, du räcker upp handen, har du en fråga?

SOFIA: Jo, jag tänker att ibland kan två plus två bli två ...

LÄRAREN: Hmm. Okay, Sofia, kan du ge oss ett exempel på när två plus två
           blir två?
SOFIA: Ja. Om du har två hungriga katter och två feta möss, då får du
           två mätta katter.
LÄRAREN: Ja. I det fallet blir två plus två två. Kan någon tänka ut ett annat
           exempel på när två plus två blir något annat än fyra?

Även om det inte är lätt att avsätta tid till att utforska potentialen i mikro-
ögonblicket som uppstår om man följer alternativ ett, så innebär det inte
att man måste göra radikala förändringar i kursplanen. Istället handlar det
om att vara medveten och i nuet för att kunna utforska och ge meningsfull
återkoppling till elevers oväntade svar och idéer. På så sätt kan lärare för-
säkra att möjligheterna för att främja elevernas kreativitet synliggörs snarare
än osynliggörs.

ATT STIMULERA TILL KREATIVITET INOM LÄROPLANENS RAMAR

Den traditionella läroplanen för skolan speglar en kunskapssyn där kunskap
är indelad i ämnesområden – en idé som utvecklades i slutet på 1700-talet i
Europa. Den stödjer sig på idén om spetskompetens och koncentration av
kunskap i bestämda områden. Det här är viktigt. Men en av kreativitetens
utmärkande kännetecken är att föra samman disparata delar, leka med och
utveckla konsekvenserna (Robinson 2009).

Ett sätt att komma åt det här är att försöka utveckla de delar av kursplanen
som är problembaserade på så sätt att svaret som ges aldrig är definierat. Det
stöttar ett mer kreativt förhållningssätt till att samla svar. Enligt Skolinspek-
tionens rapport *Musiken i Grundskolan – Är du med på noterna rektorn?*
(2011) innehar musikämnet många kunskapsdimensioner, vilket läroplanen
och kursplanen ger uttryck för. "Musikämnets stora möjligheter kan alltså
tas tillvara i långt högre grad än vad som görs i dag." (s. 8). Låt till exempel
eleverna göra en granskning av behoven i skolan, grannskapet eller kommu-
nen och låt tid och plats utveckla och förebilda lösningar på dessa problem.
Tillgängliggör resultaten av projektet både inom och utanför skolan för att
poängtera relevansen och signifikansen av resultatet.

Ett annat sätt är att försöka att organisera plats och tid för tvärämnes-
aktiviteter, till exempel matematik och musik, biologi och bild, historia

och drama. Ge eleverna kontinuerlig tillgång till kreativa verktyg, såsom digitalkameror samt ljud- och bildprogramvaror. En tydlig slutsats i Skolinspektionens rapport (2011) är att den nya tekniken som ett stöd för att skapa musik "till stor del är en outnyttjad potential i musikundervisningen" (s. 28). Ytterligare sätt att stimulera kreativitet inom läroplanens och kursplanens ramar är att experimentera med delar av skolan för att utveckla kursplanerna genom undersökningar. Ett exempel på detta är Enquiring Minds – ett Futurlab-projekt som har använts på högstadieskolor i South West (www.enquiringminds.org.uk). Här har man delar av skolveckan arbetat med utveckling av kursplanen, genom att använda sig av den kunskap som eleverna tar med sig till skolan och vad de vill veta mer om. Ytterligare ett exempel på ämnesövergripande arbete är Siestadsskolan i Linköpings kommun (http://www.linkoping.se/slestadsskolan) där man i undervisningen i de lägre årskurserna kombinerat naturorienterande ämnen med musik och svenska. I undervisningen har även musik och matematik kombinerats, vilket till exempel resulterat i en siffermusikal.

Ytterligare sätt att stimulera till kreativitet inom läroplanens ramar är att utveckla innovation i samband med bedömning. Att tillåta olika sätt att redovisa lärandeprocesser kan göra det svårt att slutligen bedöma, men att utveckla formerna för resultatredovisning av lärandet är samtidigt en av nycklarna för att utveckla kreativitet. Exempelvis kan du introducera kamratbedömning för att engagera eleverna i processen. I stödmaterialet "Den andra möjligheten – estetik och kultur i skolans lärande" från Myndigheten för skolutveckling kan man läsa mer om estetiska lärprocesser och hur arbetet med dessa innebär att "på ett medvetet sätt nyttja kreativa processer i lärandet" (Skolinspektionen 2011, s. 13).

PARTNERSKAP OCH KREATIVA RUM

Yrkesverksamma kreativa personer kan ge skolor värdefull kreativ energi. I England finns till exempel Creative Partnerships som organiseras regionalt (www.creative-partnerships.com). CARA, som ingår i Creative Partnerships, stöttar lärare i att utföra aktionsforskningsprojekt i sina skolor tillsammans med kreativa partner (se vidare www.capeuk.org). Att bygga ett kollaborativt partnerskap tillsammans med olika kreativa praktiker kan berika lärmiljön vidare, med praktiker, elever och lärare som alla lär av och med var-

andra. Det brittiska biblioteksprojektet "Inside Story" (se vidare www.bl.uk/
learning/=cult/index.html) utvecklade kreativ kompetens hos elever och lärare
från tre skolor som arbetade med tre klassiskt historiska texter från British
Library, tillsamman med Ramayana. De arbetade med en animerare, en berät-
tare, en grafiker och interaktiva designer, indiska dansare och bibliotekarier
för att skapa en installation som åkte runt på turné till biblioteken i regionen.

Att utveckla ett kreativt lärande partnerskap innebär inte bara att ge
lärarna rätt förutsättningar och möjligheter (att ta risker och vara mer
flexibla), utan också att låta eleverna bli ägare av sitt eget lärande (Burke
& Grosvenor 2003). Finn enkla vägar till kreativt lärande. Starta med
klassrumsmiljön. Håll det lätthanterligt, ha ett tydligt fokus. Visa och dela
konkreta förändringar. Det utvecklar självförtroende att gå vidare. Gör en
presentation eller material som du kan använda både inom din skola för att
övertyga kollegor och utanför skolan. Det här kan bli ett stöd för att bygga
en skolkultur som utgår ifrån kreativitet.

Fokusera på ett område i taget, utveckla kreativt lärande i musik och
använd sedan erfarenheterna och kunskaperna för att öka medvetenheten
och uppmuntra andra lärare att tänka ut olika sätt att applicera dessa erfa-
renheter och kunskaper i andra ämnen och områden i skolan.

Arbeta tillsammans med högre utbildning och andra institutioner för att
stimulera tanken, öppna upp för kreativa möjligheter och resurser. Glöm inte
att dokumentera era resultat.

Sist, men kanske avgörande: överväg att stå tillbaka och ge plats för elever
att leda sitt eget lärande. Planera aktiviteter där till exempel elever i år 4
leder aktiviteter för år 1. Överväg också att involvera elever i utforskning och
utvärdering genom att låta dem vara forskare själva och på så sätt ge dem
förståelse för både process och resultat.

Avslutning

Kreativitet förstärks genom en viss nivå av stimuli – för mycket stimulans, via
färger, ljud, material, idéer och den kreativa responsen kan bli övermäktigt;
för lite och responsen kommer att vara för låg. Det finns ingen universell
"rätt nivå" som fungerar för alla, men det är viktigt att flexibilitet byggs in i
lärmiljöer så att förändringar kan göras enkelt och utan besvär. En del arki-
tekter och designer experimenterar med miljöer som möjliggör användarna

att ändra utseendet på materialet och därmed stimulerar känslan annorlunda, efter hur personen eller gruppen väljer. Futurelab (Rudd, Colligan & Naik 2006) har spekulerat i hur nya teknologier kan uppnå personifierade och förändringsbara lärmiljöer. Väggarna i lärmiljöer skulle vara programmerbara för att på ett externt sätt ge uttryck för elevens behov, genom att till exempel använda ljus för att förtydliga när eleven behöver stöd, andra resurser, tekniska råd och så vidare eller även deras fysiska, sociala eller emotionella behov vid olika tillfällen. "Walls ... could be screens on to which learners could present their favourite images, or their own work to be shared with others" (Rudd, Colligan & Naik 2006).

Några praktiska tips på hur man kan förändra skolans rum och organisera arbetet med kursplanen så att den stimulerar kreativiteten följer här:

• Förändra det fysiska rummet – du kan göra en massiv skillnad genom att skapa en plats där folk vill vara genom att bryta mot förväntningarna om hur en skola eller ett klassrum ska se ut.
• Ta bort eller minska på antalet klassrumslika faktorer. Variera lärmiljöerna och minska beroendet av klassrummet och grupperingar på en lärare och 30 elever.
• Kommunicera nyckelord genom hela skolmiljön, till exempel genom att hylla och beskriva kreativa lärprocesser på centrala platser och i klassrummen.
• Besluta tillsammans (unga, lärare och det omgivande samhället) hur en miljö som stöttar kreativt lärande ser ut genom att till exempel hylla elevens rätt och röst, genom att illustrera en bredd av åsikter och perspektiv, genom att ställa ut kreativa artefakter. Arbeta sedan successivt för att göra det till verklighet.
• Välj ut ett klassrum i skolan och utveckla det till ett kreativt utrymme. Börja med en tom yta och "klä" ytan kollaborativt. Var noga med att varje beslut om att föra in något eller förändring av interiören är motiverat med ett argument som relaterar till att förhöja kreativiteten.
• Tänk på dofter, ljud, musik, beröring, ljus och smak. Låt elever komma till tals när det gäller hur dessa element appliceras i rummen. Som exempel, låt eleverna själva leda experiment med olika typer av musik, ljus, färg med mera.

76

- Reflektera över hur tiden används. Fråga om det du gör går ihop med det kreativa lärandet eller de processer som du tycker är värdefulla. Använd förhållningssättet 50/50 och medvetandegör undervisningens mikroögonblick.
- Avsätt tid för att vara mer äventyrlig med lärandet. Det kan vara en dag eller en vecka per termin för att stötta lärare att våga mer.
- Använd korridorer eller gemensamma ytor för lärande. Korridorer kan vara mer än just transportsträckor med hjälp av ljussättning och användandet av färg. Använd elevers fantasifulla idéer för att omvandla den typen av ytor.

Litteratur

Aljughaiman, A., & Mowrer-Reynolds, E. (2005). Teachers' conceptions of creativity and creative students. *Journal of creative behavior, 39*, s. 17–34.

Beghetto, R. A., & Kaufman, J. C. (2011). Teaching for creativity with disciplined improvisation. I: R. K. Sawyer (red.) *Structure and improvisation in creative teaching.* New York: Cambridge University Press.

Bentley, T. (2002). *Distributed intelligence: leadership, learning and creativity.* Keynote address given at a Leading Edge seminar organised by the National College for School Leadership 22 November 2002. http://www.bucksgfl.org.uk/pluginfile.php/2363/mod_resource/content/0/leading-bentley-thinkpiece.pdf

Burke, C. & Grosvenor, I. (2003). *The school I'd like: children and young people's reflections on an education for the 21st century.* Oxon: Routledge/Falmer.

Burke, C. (2007). The view of the child: releasing "visual voices" in the design of learning environments. *Discourse, 28* (3), s. 359–372.

Craft, A. (1997). *Can you teach creativity?* Nottingham: Education Now Publishing Co-operative.

Creative Action Research Awards (CARA). (2005). *Building creative futures.* Arts Council England and Cape UK. http://www.capeuk.org/wp-content/uploads/2010/05/CARA-Building-Creative-Futures.pdf

Harland, J., Kinder, K., Haynes, J. & Schagen, I. (1998). *The effects and effectiveness of arts education in schools: interim report 1.* Slough, Berkshire: National Foundation for Educational Research.

Houmann, A. & Saether, E. (2013). Using a survey on creativities as reflective practice and for reforming practice in music teacher education. I: P. Burnard. *Developing creativities in higher music education.* Oxon: Routledge.

Jeffrey, B. & Craft, A. (2001). The universalization of creativity. I: A. Craft, B. Jefferey & M. Leibling. *Creativity in education*, s. 1–13. London: Continuum.

Jeffrey, B. & Woods, P. (1997). The relevance of creative teaching: pupils. views. I: A. Pollard, D. Thieson & A. Filer (red.) *Children and their curriculum: perspectives of primary and elementary school children.* London: Falmer Press.

Jeffrey, B. & Woods, P. (2003). *The creative school: a framework for success, quality and effectiveness.* London, Routledge/Falmer.

Michelsen, A. (red.) (2012). *Plats för kunskap.* Malmö: Mint AB.

Nair, P. & Randall, F. (2013). *The language of school design: design patterns for 21st century schools* (3 uppl.). Designshare.com

National Advisory Committee on Creative and Cultural Education (NACCE) (1999). *All our futures: creativity, culture and education.* London: Department for Education and Employment.

Qualifications and Curriculum Authority (QCA) (2005). *Creativity: find it, promote IT!: promoting pupils' creative thinking and behaviour across the curriculum at key stages 1, 2 and 3: practical materials for schools.* London: Qualifications and Curriculum Authority.

Qualifiacations and Curriculum Authority (QCA) (2008a). Webbplats: www.ncaction.org.uk/creativity/

Qualifications and Curriculum Authority (QCA) (2008b). *The new secondary curriculum: personal, learning and thinking skills – supporting successful learners, confident individuals and responsible citizens.* London: Qualifications and Curriculum Authority.

Skolinspektionen (2011). *Är du med på noterna rektorn?* Rapport 2011:5. Stockholm: Skolinspektionen.

Robinson, K. (2009). *Unlocking creativity: a strategy for development.* http://www.dcalni.gov.uk/index/arts_and_creativity/unlocking_creativity_initiative.htm

Robinson, K. (2010, 14 oktober). *Changing the paradigm.* [videofil]. Hämtad från https://www.youtube.com/watch?v=zDZFcDGpL4U

Rudd, T., Colligan, F. & Naik, R. (2006). *Learner voice.* Futurelab. http://halshs.archives-ouvertes.fr/docs/00/19/03/32/PDF/rudd-2006-learner_voice.pdf

Sefton-Green, J. (2008). From learning to creative learning: concepts and traditions. I: J. Sefton-Green (red.) *Creative learning.* London: Creative Partnerships.

www.bl.uk/learning/=cult/index.html

www.capeuk.org

www.creative-partnerships.com

www.district196.org/ses

www.enquiringminds.org.uk

www.innoed.is

KAPITEL 5

Musik för alla barn?

ULLA WIKLUND

Vi kommunicerar med varandra för att skapa mening och förståelse. Redan det ofödda barnet försöker förstå, sortera och ordna impulser och stimuli. Språk är meningsskapande system. Meningsskapandet medieras, förs vidare, på olika sätt. Genom samtal, litteratur, film, bild, musik, dans, drama och form kommunicerar vi med varandra på många olika sätt. Vi använder olika sinnen när vi talar, lyssnar, läser, skriver, spelar, dansar, smakar, luktar, formar och gestaltar. Estetik benämns i dag gestaltad erfarenhet. De estetiska språken musik, bild, dans, tecken, rörelse, teater, tal och skrift ger oss rika möjligheter att utveckla vårt språk.

Det vidgade språkbegreppet

Meningsskapandet i olika medier sker genom att använda olika språk (Bruner 1990). I begreppet språk inordnas då både verbala och icke-verbala språk, till exempel talspråk, skriftspråk, bildspråk, musikens språk samt dansens och rörelsens språk. Att i begreppet språk innefatta icke-verbala språk brukar ibland benämnas "det vidgade språkbegreppet" (Liberg 2007).

En mängd sinnesintryck står i interaktion med varandra och påverkar vår upplevelse. Man brukar säga att vi är *multimodala* i vårt meningsskapande (Kress 1997). Olika uttrycksformer står också i interaktion med och bygger på varandra: det jag sjunger kan jag röra mig till; det jag sjunger och rör mig till har någon skrivit och det kan jag läsa; det jag sjunger och rör mig till och läser kan jag samtala om; det jag samtalar om kan jag läsa om; det jag samtalar och läser om kan jag uttrycka i bild; och så vidare. Varje gestaltning, varje yttrande, bygger på och stödjer på så sätt en annan gestaltning, ett annat yttrande. Det ena yttrandet länkar i det andra. Olika meningsskapande sammanhang bygger på samma sätt på varandra.

Gestaltningar, yttranden och meningsskapande sammanhang står i ett
dialogiskt förhållande till varandra (Liberg 2007). I läroplanen för grund-
skolan finner man det vidgade språkbegreppet och det vidgade textbegreppet
beskrivet på följande sätt:

> Eleverna ska få uppleva olika uttryck för kunskaper. De ska få pröva och
> utveckla olika uttrycksformer och uppleva känslor och stämningar. Drama,
> rytmik, dans, musicerande och skapande i bild, text och form ska vara inslag
> i skolans verksamhet.
>
> LGR 11 S. 10

En central utgångspunkt i såväl förskolans som grundskolans läroplaner är
att vi lär oss med alla sinnen. Vi är multimodala och dialogiska i lärandet.
Därför är det viktigt att i undervisningen skapa en rik och varierad lärmiljö
som ger möjlighet att skapa kunskap på många olika sätt.

Estetiska lärprocesser

Estetiska lärprocesser är ett sätt att arbeta där eleverna får knyta samman
känslor, upplevelser, kunskaper, erfarenheter och analys till en helhet. Alla
språk används: talspråk, skriftspråk och de estetiska språken (musik, bild,
dans, teater, form med mera) för att formulera och gestalta lärandet.

> Eleverna ska få uppleva olika uttryck för kunskaper. De ska få pröva och
> utveckla olika uttrycksformer och uppleva känslor och stämningar.
>
> LGR 11 S. 10

Att arbeta med estetiska lärprocesser innebär att på ett medvetet sätt nyttja
kreativa processer i lärandet. Det går att göra i alla ämnen (Wiklund 2009).
Det kan till exempel handla om att eleverna arbetar med texter och musik
och att de genom musiken och texterna kan ta del av varandras tankar och
åsikter. I ett större sammanhang kan frågan om att utveckla estetik och
kultur i skolan också handla om att bygga upp långsiktigt hållbara strukturer
för samarbete mellan områdena utbildning och kultur (Aulin-Gråhamn &
Thavenius 2003). De estetiska språken (skriftspråk, talspråk, teckenspråk,
formspråk, musikens språk, dansens språk, bildens språk etcetera) är var-
andras förutsättningar visar forskning inom språk-, läs- och skrivområdet

80

(Kress 1997). Därför kan man se kunskaper inom musikområdet som en del av sin språkutveckling.

> Språk, lärande och identitetsutveckling är nära förknippade. Genom rika möjligheter att samtala, läsa och skriva ska varje elev få utveckla sina möjligheter att kommunicera och därmed få tilltro till sin språkliga förmåga.
>
> LGR 11 S. 9

Lgr 11 rymmer nu estetiska perspektiv i skolans alla ämnen. Man kan därmed säga att det estetiska perspektivet löper som en röd tråd genom den nya läroplanen.

Intresset för de estetiska ämnena i skolan ökar i ett internationellt perspektiv. Det framgår efter den andra världskonferensen *Art Education*, som hölls i Seoul, Sydkorea, i maj 2010, där 193 länder deltog. Estetiska uttrycksformer och användningen av estetiska lärprocesser i skolan tycks ha fått allt större betydelse för att utveckla utbildningen i de stora ekonomierna. Satsningar på att använda musikämnet och estetiska lärprocesser på ett strukturerat sätt för att utveckla skolan förekommer relativt sällan i det urval av skolor som ingått i granskningen. Det är något förvånande om man betänker vilken betydelsefull roll musik kan ha för att exempelvis bidra till elevers språkutveckling och utveckla kreativitet och ett entreprenöriellt förhållningssätt.

> Eleverna ska få möjlighet att ta initiativ och ansvar samt utveckla sin förmåga att arbeta såväl självständigt som tillsammans med andra. Skolan ska därigenom bidra till att eleverna utvecklar ett förhållningssätt som främjar entreprenörskap.
>
> LGR 11 S. 9

Elevers stora intresse för musik skapar möjligheter, men också utmaningar att ta till vara deras lust och möjligheter att skapa och utveckla sitt musikaliska kunnande.

> En harmonisk utveckling och bildningsgång omfattar möjligheter att pröva, utforska, tillägna sig och gestalta olika kunskaper och erfarenheter. Förmåga till eget skapande hör till det som eleverna ska tillägna sig.
>
> LGR 11 S. 10

Att skapa mening i musikens språk

I musiken används begrepp som *puls* – ett flöde av jämna slag, *betoning* – något slag får större tyngd men inte nödvändigtvis annan längd, *takt* – när en betoning förs in i pulsen med jämna mellanrum så att det bildar ett mönster, *rytm* – en förändrad puls där kortare och längre slag blandas i en struktur, samt *frekvenser, sekvenser, dynamik* och *nyanser*. Tillsammans bildar dessa *tonhöjd, klang, tempo* och *melodi*. Dessa element används för att gestalta en mening, ett sammanhang eller en tanke – eller för att pröva en mening i musiken genom att kombinera elementen.

Kunskaper *i* musik kan innebära att kunna återge musik, reproducera utifrån en notbild eller ett minne (på gehör). Förtrogenhet i musik kan innebära att med hjälp av musikens språk skapa nytt, något eget personligt, som blir unikt. Skapandet av musik i grupp eller enskilt kan innebära att komma nära en skapande process som kan liknas vid den process konstnären tillämpar i sitt skapande. Kunskaper *om* musik handlar om ett intellektuellt kunnande förenat med djupt intresse som i sig ger mening. Men det förutsätter inte någon egen utövning. Kunskaper *med* musik kan vara när musik används för att förtydliga eller illustrera ett annat område. Man lyssnar på medeltida musik när man läser om medeltiden. Man läser om barockens musikaliska mästare, när man talar om barocken och så vidare. Kunskaper *genom* musik, slutligen, kan vara att man använder musikens språk som stämningsskapare för att via musiken framhäva spänning, glädje etcetera – som när man använder musik i filmer eller när man spelar musik i klassrummet samtidigt som man gör något annat.

Svensk spädbarnsforskning (Holmlund 1988, 1990) visar på hur det ofödda och det nyss födda barnet förnimmer ljud, rytm och puls i moderlivet. Det nyfödda barnet skapar sätt att uttrycka sig på utifrån vad det redan uppfattat i moderlivet, och prövar det i "språklig" form. Barnet börjar forma sitt partitur. Till en början baseras språket på primära musikaliska element såsom avläsning av sinnesstämningar och ansiktsuttryck, ljus och ljud samt puls, rytm, fraseringar och tonhöjd. Att leka med det talade språkets betoningar och egen rytm kan ge nya betydelser åt kända ord och begrepp. Sånger och visor vars melodirytm tätt följer språkets naturliga rytm är till god hjälp för språkinlärning för alla åldrar.

Barnens egen musik, den de själva skapar såsom spontansång, personliga ramsor i vardagslivet, verkar som ett kitt i den vardagskultur barnet rör sig (Sundin 1995; Bjørkvold 1991). När vi talar om barnmusik som genre, är det oftast musik som anses vara för barn skriven av vuxna. Den finns kommersiellt utgiven och någon vuxen köper en skiva eller en kassett till barnet. Barnets musik kan sedan snabbt bli den populärmusik som finns i medier, men som speciellt tilltalar barn i formspråk, bild och tempo. Barnet blir tidigt en del av den omgivande kommersiella kulturen, som alla barn och vuxna. Så barnet har därmed minst två olika nivåer i sitt eget musikaliska liv. Under barnets tidiga barndom kan det egna spontana musikskapandet utgöra ett slags musikliv. Dessutom möter barnet ett musikutövande med pedagogiska inslag inom förskolan, vilket utgör ett annat slags musikliv med en särskild repertoar, och till detta kommer den omvärld som är fylld av olika slags musikaliska inslag i filmer, radio, tv och på internet. Den danska medieforskaren Kirsten Drotner (1992, 1999) talar om konsten att skapa sig själv genom konst. Så uppstår till exempel nya genrer inom musiken, där barn och ungdomar prövar sin identitet i kläder, musik och text till ett helhetsspråk som handlar om att söka nya konstnärliga uttryck och peka på förhållanden för omvärlden. Ungdomsmusiken kan inte endast förstås som estetiska objekt utan även tolkas utifrån sina sociala funktioner. De musikaliska valen barn och ungdomar gör, kan i stor utsträckning förstås som uttryck för den position ungdomar intar i ett socialt sammanhang.

När barnet sedan börjar skolan och inlemmas i en slags skolkultur som tolkar musiken i kursplanen, blir det tre nivåer att hantera. Ytterligare en kultur kan barnet möta i musikskolan, där förhållandet till musik kan vara något annat än i skolan och i samhället. Nu kan barnet behöva hantera fyra olika slags kulturnivåer eller "språk".

Fortsatt ut i livet krävs det dialog kring det som barnet skapar av musik, själv och tillsammans med andra. Hur skolan skapar forum för barns och ungdomars egna språk, så att barriären mellan det privata och det offentliga blir till en bro, kan vara avgörande för om skolan ska ses som en viktig plats att vara på för att lära sig lära. Barnets sätt att använda sig av musiken kräver lyhördhet från den vuxna världen, så att barnet och ungdomarna blir medskapare av kulturen i skolan. Många gånger tolkas innehållet i kursplanerna så att det bildas en alldeles speciell kultur just i skolan i fråga om urval, arbetssätt och arbetsformer, trots att styrdokumenten betonar att barns och ungdomars egen musik är en viktig identitetsskapande faktor. Musiken kan erbjuda en social praktik där dels värdegrundsfrågor och demokrati blir en viktig bas, dels där barns och ungdomars egen kultur kommer till uttryck och kan bli forum för diskussion och reflektion.

Musik är centralt i barns och ungas liv. I FN:s barnkonvention betonas vikten av barnets rätt att kunna utvecklas och till fullo delta i det kulturella och konstnärliga livet. Skolans roll är i sammanhanget central eftersom skolan är en arena där alla barn kan möta olika uttryck för kultur oavsett bakgrund och villkor.

Den svenska grundskolan har alltid haft estetiska ämnen som obligatoriska för alla barn. Det har varit ett demokratiskt synsätt som präglat synen på kulturens och estetikens betydelse för alla barns grundbildning.

Skolan ska ansvara för att varje elev efter genomgången grundskola

- kan lösa problem och omsätta idéer i handling på ett kreativt sätt
- kan använda och ta del av många olika uttrycksformer såsom språk, bild, musik, drama och dans samt har utvecklat kännedom om samhällets kulturutbud
- kan använda modern teknik som ett verktyg för kunskapssökande, kommunikation, skapande och lärande ...

LGR 11 S. 13–14

Skolan ska stimulera varje elev att bilda sig och växa med sina uppgifter. I skolarbetet ska de

intellektuella såväl som de praktiska, sinnliga och estetiska aspekterna uppmärksammas.

LGR 11 S. 10

Drama, rytmik, dans, musicerande och skapande i bild, text och form ska vara inslag i skolans verksamhet.

LGR 11 S. 10

Musikämnet i dag

Men vad händer i musikundervisningen i grundskolan i dag? Tidigare utvärderingar av musikundervisningen har visat på att musikämnet är ett omtyckt ämne bland eleverna, men att den musikundervisning eleverna får skiftar i kvalitet (Skolinspektionen 2011). Musikämnet har en viktig roll att fylla i elevernas utveckling och lärande (Bergman 2009). Skolinspektionen genomförde för några år sedan en kvalitetsgranskning av 35 grundskolors musikundervisning. Av den kan man dra slutsatser och föra resonemang kring vad som speglar musikundervisningen vid de granskade skolorna. Det är ett uppskattat ämne, men eleverna får ofta inte den undervisning de har rätt till, visar Skolinspektionens granskning.

Kvalitetsgranskningen undersökte hur skolornas musikundervisning skapar förutsättningar och anpassas för att eleverna ska kunna nå läroplanens och kursplanens mål för musikämnet. Ämnets karaktär och begränsade utrymme i timplanen ställer samtidigt stora krav på hur undervisningen organiseras och genomförs för att eleverna ska kunna nå målen. Syftet med granskningen var att visa på musikundervisningens utvecklingsområden.

En viktig slutsats av granskningen är att kvaliteten i musikundervisningen varierar mellan skolor och även inom skolorna. Åtskilliga elever får inte den musikundervisning som de har rätt till. Musikämnet får i många fall inte heller möjlighet att spela den viktiga roll som det skulle kunna göra, med tanke på hur betydelsefull musiken ofta är i ungdomars liv.

Kvaliteten i musikundervisningen påverkas av en rad faktorer, till exempel musiklärarnas utbildning, hur tiden disponeras, tillgången på instrument och vilka lokaler som finns. En viktig faktor är om det finns ett åk 1–9-perspektiv i undervisningen. Elevernas möjlighet att utveckla de kunskaper och färdigheter som de behöver för att kunna nå målen i musikämnet är i hög grad beroende av om skolorna lyckas ordna undervisningen så att eleverna kan utveckla sina färdigheter och kunskaper.

Skolornas arbete med mål och betygskriterier för musikämnet har stor betydelse för kvaliteten, liksom uppföljningen av resultaten. Granskningen visar att rektorerna behöver ta större ansvar för att skapa förutsättningar för en god och sammanhållen utbildning. Skolorna i en kommun eller i ett upptagningsområde behöver samverka kring musikämnet. Behovet av att diskutera hur tiden för ämnet disponeras och hur målen i kursplanen följs behöver samordnas mellan skolor. Bristande organisation, samverkan och pedagogisk planering av musikämnet gör att eleverna får sämre förutsättningar att lyckas.

Är rektorn med på noterna?

En förutsättning för att få i gång ett förbättringsarbete är att rektorerna tar ett stort ansvar för att musikundervisningen utvecklas och håller hög kvalitet. I dag överlämnas en stor del av ansvaret för att utveckla ämnet till den enskilde musikläraren. Rektorer styrs samtidigt av beslut och riktlinjer som fattas på huvudmannanivå, i kommunen. I granskningen kan vi se att elever inom samma kommun får en musikundervisning som håller helt olika kvalitet. Vi har sett att kvaliteten i undervisningen och elevernas resultat inte utvärderas i någon större utsträckning. Rektorerna förefaller sällan besöka musiklektioner utan många av dem verkar få sin bild av musikundervisningen från framföranden vid olika högtider. Där har musiken en given plats och hög status, medan ämnet ofta inte uppmärksammas under resten av läsåret. I den nya läroplanen anges tydligt att skolans undervisning omfattar fem kunskapsområden: det samhällsvetenskapliga, det naturvetenskapliga, det humanistiska, det tekniska och det estetiska (Lgr 11 s. 13). Skolinspektionens rapport visar att rektorerna nedprioriterar det estetiska kunskapsområdet genom att inte besöka undervisning, inte tillgodose att eleverna har rätt till åtgärdsprogram i ämnet, inte i tillräcklig grad åtgärda att rekrytering av behörig lärare sker och att i övrigt borga för musikundervisningens kvalitet (Skolinspektionen 2009).

Stora skillnader i kvalitet

Det finns stora variationer i vilka förutsättningar de granskade skolorna ger eleverna att nå målen i musikämnet. Elevernas möjlighet till att musicera skiljer sig stort, men musikskapande var genomgående det som undervisningen gav minst möjlighet till. Ofta lyser de musikskapande inslagen helt med sin frånvaro.

> Skapande arbete och lek är väsentliga delar i det aktiva lärandet. Särskilt under de tidiga skolåren har leken stor betydelse för att eleverna ska tillägna sig kunskaper. Skolan ska sträva efter att erbjuda alla elever daglig fysisk aktivitet inom ramen för hela skoldagen.
>
> LGR 11 S. 9

I många av skolorna har lärarna inte utbildning för den musikundervisning som de bedriver. Äldre utvärderingar har visat på att 75 procent av de som har ansvar för musikundervisning är vanliga klasslärare (Skolverket 2004). Vid en del av de granskade skolorna 2010 har eleverna inte tillgång till instrument eller lokaler som är anpassade för musikundervisning. I årskurserna 1–5 är det vanligt att eleverna får musikundervisning i sina klassrum utan tillgång till instrument.

I vissa skolor var det svårt att hitta någon musikundervisning alls för de yngre barnen (Skolinspektionen 2011). Granskningen visar att när klass-läraren har ansvaret för musikundervisningen, menar man ofta att det sprängs in i den dagliga verksamheten. Man sjunger rörelsesånger eller lyssnar på någon musik, har djungeljympa vid bänken, eller deltar i *Hela skolan sjunger*. Kopplingen till kursplanen i musik är ofta svag.

> Eleverna ska få uppleva olika uttryck för kunskaper. De ska få pröva och utveckla olika uttrycksformer och uppleva känslor och stämningar. Drama, rytmik, dans, musicerande och skapande i bild, text och form ska vara inslag i skolans verksamhet. En harmonisk utveckling och bildningsgång omfattar möjligheter att pröva, utforska, tillägna sig och gestalta olika kunskaper och erfarenheter. … Förmåga till eget skapande hör till det som eleverna ska tillägna sig.
>
> LGR 11 S. 10

Lärarna i granskningen uppger att de saknar kompetens och utbildning i ämnet. De vågar inte ge sig in i ett ämne de själva inte behärskar. Som musiklärare krävs en god förmåga att planera och anpassa musikundervis-ningen utifrån elevernas olika behov och förutsättningar. Det finns ett stort behov av att musiklärarna får möjlighet att diskutera med andra lärare och musiklärare för att kunna utveckla undervisningen. Även bedömningsfrågor behöver diskuteras musiklärare emellan. Att undervisa i musik har helt klart sina utmaningar. Många spelsugna elever, många viljor och många instru-ment innebär att miljön fort blir ganska högljudd. Musikämnet behöver äga rum i en miljö som är tillåtande och kreativ samtidigt som det krävs en god organisation och ordning utan att kreativiteten sätts under lydighetens skäppa (Skolinspektionen 2011).

Musikämnet och den nya tekniken

I dag är musikämnet mycket populärt bland de flesta elever och kanske det ämne som tydligast knyter an till ungdomars kultur, vilket både är en möjlighet och en utmaning för skolans musikundervisning. Musikens möjligheter till upplevelser och ämnets karaktär i övrigt gör ämnet intressant ur flera aspekter. Ny teknik har gjort att det finns nya förutsättningar att skapa och mångfaldiga musik, vilket öppnar nya dörrar för kreativitet och skapande (Folkestad 1996; Nilsson 2002). För att kunna musicera krävs i första hand praktiska färdigheter, till exempel i spel på olika instrument eller i sång. Musicerande och skapande är musikämnets kärna, där det gemensamma musikutövandet är grunden för musikupplevelse och lärande. Genom att musicera tillsammans får eleverna öva samspelsförmågan, den musikaliska känslan och att kommunicera. Även det gemensamma utövandet och de musikupplevelser eleverna får är viktiga och kan bidra till att de kan stärka sin personliga och sociala utveckling.

> En viktig uppgift för skolan är att ge överblick och sammanhang. Skolan ska stimulera elevernas kreativitet, nyfikenhet och självförtroende samt vilja till att pröva egna idéer och lösa problem. Eleverna ska få möjlighet att ta initiativ och ansvar samt utveckla sin förmåga att arbeta såväl självständigt som tillsammans med andra. Skolan ska därigenom bidra till att eleverna utvecklar ett förhållningssätt som främjar entreprenörskap.
>
> LGR 11 S. 9

Ungdomars förhållningssätt och vanor gör också att de snabbt tillägnar sig ny teknik, ofta långt tidigare än vuxenvärlden. Detta utmanar och ställer krav på att musikundervisningen hänger med sin samtid. Trots att begreppet musikskapande självklart inte får likställas med användandet av datorer i musikundervisningen, visar forskning att datorer kan vara ett värdefullt hjälpmedel för elever att skapa musik. Inte minst gäller detta för elever som inte har så utvecklade färdigheter i instrumentspel då bristen på instrumentella färdigheter inte behöver vara ett hinder vid musikskapande med hjälp av dator.

Den tekniska utvecklingen och satsningen på datoranvändning i många skolor har inte påverkat musikundervisningen i den riktning som kursplanen föreskriver när det gäller IT, vilket man hade kunnat tro. Det har varit svårt

88

att i granskningen hitta goda exempel där datorer används i musikunder-visningen för att skapa musik. En tydlig slutsats är att den nya tekniken som ett stöd för att skapa musik till stor del är en outnyttjad potential i musikundervisningen.

Musikämnets karaktär gör att det även har intressanta kopplingar till andra ämnen. Ämnets estetik kan bidra till att utveckla olika lärprocesser. I detta finns en synergi och inte en motsättning. I ett globalt sammanhang blir kompetenser som kreativitet och skapande förmåga allt viktigare och musikämnet ger eleverna stora möjligheter att utveckla dessa förmågor (Wiklund 2009).

> En viktig uppgift för skolan är att ge överblick och sammanhang. Skolan ska stimulera elevernas kreativitet, nyfikenhet och självförtroende samt vilja till att pröva egna idéer och lösa problem.
>
> LGR 11 S. 9

Nordiska rådet (2008) har i en studie över landsgränserna slagit fast att krea-tiva ämnen har stor betydelse för skolelevers trivsel och prestationer i teore-tiska ämnen. En brittisk studie har bland annat undersökt hur undervisning i estetiska ämnen påverkar elevernas skolresultat, med slutsatsen att eleverna behöver alla ämnena för att resultatet ska bli så bra som möjligt. Bamford (2006) har i sin forskning belyst sambandet mellan en god kulturverksamhet och skolans måluppfyllelse. En viktig förutsättning i detta sammanhang är att musikämnet ges en stark roll i skolan.

Kunskapsämne eller slapparämne?

Enligt kvalitetsgranskningen av musikämnet finns det också en viss pola-risering på skolorna i synen på musikämnet: är det ett kunskaps- eller ett rekreationsämne?

Många elever uppskattar ämnet, bland annat för att de mår bra av att ägna sig åt musik och för att kraven upplevs som lägre än i många andra ämnen. Detta leder samtidigt till att musikämnet inte betraktas som ett kun-skapsämne. Likaså intygar många rektorer vid intervjuerna att musiken är så viktig, att det är viktigt att eleverna har roligt i skolan och att musiken finns som en kontrast till pluggämnena. Samtidigt kan man i dessa rektorers skolor se hur lågprioriterat ämnet är. Rektor har kanske aldrig varit inne och sett på undervisningen, inte gjort sitt bästa för att se till att det finns utbildade lärare och underlåtit att förbättra betygs- och bedömningsarbetet och åtgärdsplanerna i ämnet.

Om nu rektor tycker att det är så viktigt med musik och att det ska vara kul, bryr han sig inte om att eleverna lär sig något? Och är att lära sig något inte kul? Tänker rektor likadant om matematikundervisningen? Ska den också vara kul?

> Skolan ska bidra till elevernas harmoniska utveckling. Utforskande, nyfikenhet och lust att lära ska utgöra en grund för skolans verksamhet.
>
> LGR 11 S. 13

Elevernas uppfattning är förmodligen närmast en spegling av hur skolan lyfter fram och betonar ämnet. Kraven kan vara låga, vilket kan ses som ett uttryck för att skolan inte prioriterar ämnet. Underlagen för betygssättning är ett viktigt utvecklingsområde med tanke på alla elevers rätt att få sitt kunnande, även inom det estetiska kunskapsområdet, bedömt och synliggjort. Elever som behöver särskilt stöd för att nå målen i musik har rätt att få detta. Vanligare är att man i stället sänker kraven. Det finns inte någon självklar motsättning mellan att bedriva en musikundervisning med ett tydligt kunskapsinnehåll och höga förväntningar och att ämnet har effekter som gynnar och stärker eleverna på flera sätt.

Musikämnets dimensioner

Musikämnet har många kunskapsdimensioner, vilket läroplanen och kursplanen ger uttryck för. Här presenteras det centrala innehållet i musikämnet för åk 1–3 i Lgr 11:

I årskurs 1–3 Musicerande och musikskapande	I årskurs 1–3 Musikens verktyg	I årskurs 1–3 Musikens sammanhang och funktioner
Sång och spel i olika former: unison sång, kanon och växelsång samt ensemblespel. Imitation och improvisation med rörelser, rytmer och toner. Enkla former av musikskapande, till exempel med utgångspunkt i text eller bild. Gestaltning av sånger och berättelser med ljud, rytmer och rörelser.	Rösten som instrument med variation av rytm, klang och dynamik. Slagverk, stränginstrument och tangentinstrument med variation av rytm, klang och dynamik. Rytm, klang, dynamik och tonhöjd som byggstenar för att musicera och komponera musik. Musiksymboler, bilder och tecken.	Associationer, tankar, känslor och bilder som uppkommer när man lyssnar på musik. Olika instrument från grupperna blås-, sträng-, tangent- och slagverksinstrument. Hur instrumenten låter och ser ut. Musik som knyter an till elevens vardagliga och högtidliga sammanhang, däribland nationalsången och några av de vanligaste psalmerna, samt inblickar i svensk och nordisk barnvisetradition.

MUSICERANDE

För att kunna musicera krävs i första hand praktiska färdigheter, till exempel i spel på olika instrument eller i sång. Musicerande och skapande är musikämnets kärna, där det gemensamma musikutövandet är grunden för musikupplevelse och lärande. Genom att musicera tillsammans får eleverna öva samspelsförmågan, den musikaliska känslan och att kommunicera. Även det gemensamma utövandet och de musikupplevelser eleverna får är viktiga och kan bidra till att de kan stärka sin personliga och sociala utveckling.

MUSIKLYSSNANDE

Musiklyssnande innebär att lyssna till musik, och då inte bara att lyssna till musik i största allmänhet utan att lyssna aktivt. Eleverna får möjligheten att på ett djupare sätt tränga in i skilda musikaliska uttryck. Att kunna analysera olika sammansatta rytmer, ackordfärgningar och hur olika instrument låter ger eleverna ökad förståelse för musikens olika former. Reflektioner om hur musiken låter och upplevs ger möjlighet till gemensamma samtal om estetiska värden och uttryck. Att få lyssna till musik från skilda kulturella och historiska sammanhang med olika stilarter, artister och kompositörer ökar förståelsen för musikens större sammanhang. I musiklyssnandet kan även ingå att kunna använda olika former av inspelningsutrustning och datorer som används för musikproduktion. Det kan bland annat innebära att kunna lyssna till olika mixar och ljudbilder.

MUSIKKUNNANDE

I begreppet musikkunnande ingår olika grundläggande musikteoretiska aspekter på musikens uppbyggnad och beståndsdelar som exempelvis noter. Eleverna får även möjlighet att utveckla en allmänbildning om musik genom att öka sin förtrogenhet med olika musikkulturer, stilar och epoker inom musikhistorien. I musikkunnande ingår även att lära sig om olika musikinstrument.

MUSIKSKAPANDE

Skapande av och i musik kan innebära att eleverna får möjlighet att använda sin musikaliska kreativitet för att göra exempelvis egna melodier och ljudbakgrunder. I det egna musikskapandet ska eleverna kunna utveckla sina musikaliska idéer både enskilt och i grupp. Den nya tekniken ger också förutsättningar för att skapa musik och musikaliska alster med hjälp av datorer, sequencerprogram och olika ljudmoduler. Den moderna tekniken gör det även enkelt att dela och mångfaldiga musikaliska alster.

Avslutning

Om man nu begrundar musikundervisningens ställning i grundskolan och ställer det i ljuset av betydelsen för barns och ungas kreativa, musikaliska och språkliga utveckling, kan man bli fundersam. Behovet av entusiastiska förskollärare och lärare som kan och vågar stimulera och inspirera barn och unga i förskola och skola är stort. Samtidigt kan vi se att det hela tiden är en kamp för att man i förskollärares och lärares utbildningar ska få tillräckligt med färdigheter och kunskaper för att kunna nå målen i läroplanerna.

De estetiska inslagen i lärarutbildningen är oerhört viktiga för att lägga grunden till en estetisk verksamhet i förskolan med de yngre barnen och i undervisningen för barnen i början av sin grundskoletid. Akademiseringen av lärarutbildningen har på många håll inneburit att de mer praktiska delarna, där man faktiskt musicerar, sjunger och lär sig spela instrument, minimerats. En sak är att läsa *om* musik med barn. Men det estetiska kunskapsområdet erbjuder dessutom många möjligheter att få erfarenheter *i* musik för att därigenom kunna förverkliga läroplanens intentioner.

Litteratur

Aulin-Gråhamn, L. & Thavenius, J. (2003). *Kultur och estetik i skolan: slutredovisning av Kultur- och skola-uppdraget 2000–2003.* Malmö: Malmö högskola, Lärarutbildningen.

Bamford, A. (2006). *The wow-factor: global research compendium on the impact of the arts in education.* Berlin: Vaxmann Verlag.

Bergman, Å. (2009). *Växa upp med musik: ungdomars musikanvändande i skolan och på fritiden.* Göteborg: Institutionen för kulturvetenskaper, Göteborgs universitet.

Björkvold, J. R. (1991). *Den musiska människan barnet, sången och lekfullheten genom livets faser.* Stockholm: Runa förlag.

Bruner, J. (1990). *The acts of meaning.* Cambridge: Harvard University Press.

Drotner, K. (1992). Modernity and media panics. I: M. Skovmand & K. Schröder (red.) *Media culture: reappraising transnational media.* London: Routledge.

Drotner, K. (1999). *At skabe sig – selv.* 2 uppl. Köpenhamn: Gyldendal.

Folkestad, G. (1996). *Computer based creative music making.* Göteborg Studies in Educational Science 104.

Holmlund, C. (1988). *Barnets väg mot en värld av delade upplevelser.* Rapport nr 4. Stockholms universitet: Pedagogiska institutionen.

Holmlund, C. (1990). *Development of turntaking as a sensori-motor process in the first three months: a sequential analysis.* (stencil)

Kress, G. (1997). *Before writing: rethinking the paths to literacy*. London/New York: Routledge.

Liberg, C (2007). Språk och kommunikation. I: *Att läsa och skriva: forskning och beprövad erfarenhet*. Myndigheten för skolutveckling, 2007:4. Liber, U07:180.

Läroplaner för det obligatoriska skolväsendet och de frivilliga skolformerna Lpf 94 och Lpo 94. Regeringskansliet, Utbildningsdepartementet. Stockholm: Fritzes kundtjänst.

Myndigheten för skolutveckling (2007). *Att läsa och skriva: forskning och beprövad erfarenhet*. Kunskapsöversikt. Stockholm: Liber.

Nilsson, B. (2002). *Jag kan göra hundra låtar: barns musikskapande med digitala verktyg*. Malmö: Lunds universitet.

Nordiska rådet (2008). *Kreativa ämnen i skolan leder till bättre PISA-resultat*. Hämtat från Nordiska rådets (och Nordiska ministerrådets webbplats).

Skolinspektionen (2009). *Lärares behörighet och användning efter utbildning*. Stockholm: Skolinspektionen.

Skolinspektionen (2011). *Är du med på noterna rektorn?* Rapport 2011:5. Stockholm: Skolinspektionen.

Skolverket. (2004). *Nationella utvärderingen av grundskolan 2003* (NU-03): musik. Stockholm: Skolverket.

Skolverket (2005). Utvecklingen av musikundervisningen i skolan – en framtidsvy. I: *Grundskolans ämnen: i ljuset av nationella utvärderingen 2003*. Stockholm: Skolverket.

Sundin, B. (1995). *Barns musikaliska utveckling*. Stockholm: Liber Utbildning.

Wiklund, U. (2001). *Den lydiga kreativiteten: om barn, estetik och lärande*. Stockholm: Utbildningsradions förlag.

Wiklund, U. (2009). *När kulturen knackar på skolans dörr*. Stockholm: Utbildningsradions förlag.

DEL 2

Hur kan musik och lärande se ut?

KAPITEL 6

Musik skapar ögonblick – om musik och mening i ett barnkulturellt perspektiv

INGEBORG LUNDE VESTAD
ÖVERSÄTTARE: NILS-MARTIN LUNDSGÅRD

Det här kapitlet handlar om musik och mening i ett barnkulturellt perspektiv. Texten är baserad på ett avhandlingsarbete vars syfte är att utforska hur barn använder fonogram (inspelad musik, som cd-skivor och mp3-filer), varför de lyssnar på musik och hur musiken de lyssnar på får den betydelse som den får (Vestad 2013). De här tre frågorna utforskas genom observation av barn i två förskolor och i nio av barnens hem samt genom intervjuer med barn, förskolepersonal och föräldrar.

DeNoras begrepp om musikens *affordanser* används som teoretisk grund. En affordans är vad musiken *erbjuder, inbjuder till,* eller *gör* för lyssnaren. Vidare betraktas en affordans som en *samproduktion* mellan den bestämda musik som spelas, den bestämda individ som lyssnar och den bestämda situation som lyssningen pågår i. Dels finns affordanserna i musiken, dels skapas och upprätthålls (*konstitueras*) de av individerna när musiken tas i bruk (DeNora 2000, Gibson 1986). I det här kapitlet används affordansbegreppet som utgångspunkt för att beskriva varför barn använder musik, så som barnen själva, föräldrarna och förskolepersonalen beskriver det var för sig och tillsammans. Det är alltså deltagarnas tillskrivande och konstituering av mening som jag är intresserad av att belysa. Detta för att bättre kunna förstå vad musiken betyder i deltagarnas liv och hur denna betydelse kommer till. Genom att utforska hur musiken används och omtalas går det att fokusera, medvetandegöra och systematisera kulturella och diskursiva förståelser av musikens betydelse i människors vardagsliv.

I en given kulturell och historisk kontext finns det vissa sätt att använda musik på som uppfattas som mer "naturliga" än andra. På motsvarande sätt är en del ord, uttryck och talesätt mer tillgängliga än andra när musik och musikanvändning beskrivs. Jag använder Potter och Wetherells begrepp om *tolkningsrepertoarer* för att belysa vilka affordanser som är tillgängliga i datamaterialet. Tolkningsrepertoarer definieras som "a lexicon or register of terms and metaphors drawn upon to characterize and evaluate actions and events" (Potter & Wetherell 1987 s. 138). Vidare förklaras tolkningsrepertoarer vara "broadly discernible clusters of terms, descriptions and figures of speech often assembled around metaphors or vivid images" (Wetherell & Potter 1992 s. 90). I det här kapitlet kommer jag att titta närmare på en tolkningsrepertoar som framkom i datamaterialet, nämligen *musik som något som skapar ögonblick.* Inom ramen för detta kommer jag att beskriva musikens affordanser som "krok", "motor", "verktyg" och "hemplats", metaforer hämtade ur datamaterialet.

Infallsvinkel och metod

Kapitlet är baserat på empiri som genererats genom observationer och intervjuer i norska förskolor och i norska familjers hem. Verksamheten i norska förskolor regleras i Rammeplan for barnehagens innhold og oppgaver ("Ramplan för förskolans innehåll och uppgifter") (Kunnskapsdepartementet 2006 och 2011). Ett kännetecken är att barnens medverkan står i centrum. Konst, kultur och kreativitet är vidare ett eget ämnesområde. I inledningen till det kapitel som handlar om det här området står det att "förskolan måste ge barnen möjlighet att uppleva konst och kultur och att själva uttrycka sig estetiskt". Även om det kan uppfattas som att barns användning av fonogram ingår i detta så var avsikten med avhandlingen inte att undersöka om ramplanen följs, eller att använda de tolkningsrepertoarer som kan identifieras i ramplanen som grund för analyserna. Jag har i stället fokuserat på de mer informella lärandearenorna i barns musikaliska vardagsliv, både i förskolan och hemma hos barnen. Detta innebär att se närmare på hur barn använder musik på egen hand, samtidigt som man med affordansbegreppet och diskursteorin beaktar att människors meningsskapande regleras av kontexten.

De två förskolorna som deltog har fått de fiktiva namnen Sol och Måne. På förskolan Sol deltog en avdelning och på förskolan Måne deltog tre avdelningar. Nio barn valdes ut för att intervjuas och observeras i sina respektive hem. Även de fick pseudonymer. I det här kapitlet omnämns Hedda (4 år) och Marthe (4 år). Ingen av de två förskolorna hade musik som profil, och ingen av föräldrarna i de nio deltagande familjerna utövade eller undervisade yrkesmässigt i musik.

Ögonblicken "där det händer"

"Musik skapar ögonblick", sammanfattade en av de intervjuade mammorna. Det här kapitlet utgår ifrån tolkningsrepertoaren *musik som något som skapar ögonblick*. I det följande ska jag se närmare på vad sådana ögonblick kan bestå av och vilka betydelser som deltagarna tillskriver ögonblicken i undersökningen.

Jag nämnde i inledningen att affordanser skapas och upprätthålls (*konstitueras*) av individerna när musiken tas i bruk. Detta är ett performativt perspektiv på barnkulturen, vilket innebär att den musikaliska barnkulturen här inte först och främst betraktas som ett färdigt objekt – en barnsångskatt bestående av bestämda sånger, lekar och så vidare som förs vidare till nästa generation – utan som en kontinuerlig process, något man *gör* och som *utövas*. Den musikaliska barnkulturen förstås därmed vidare som kontinuerliga handlingar som bekräftar det bestående och därigenom upprätthåller det, samtidigt som kulturen ständigt nyskapas genom samma handlingar, och genom att gamla och nya röster blandas (Bakhtin 1984, 1986; Dyndahl 2003). Från Butlers performativitetsteori lånar jag påståendet att det inte är tal om "a singular act, but a repetition and a ritual, which achieves its effect through its naturalization [...]" (Butler 2006 s. xv) En performativ blick på barnkultur innebär då att det som vanligen uppfattas som ("den naturliga") "barnkulturen" är en föreställning om essens som är "manufactured through a sustained set of acts" (Butler 2006 s. xv). Med andra ord: det vi uppfattar som essens framstår som sådan eftersom den gjorts naturlig genom ständig upprepning. Barnkulturen skapas hela tiden och är ett samarbete mellan barn, föräldrar, andra vuxna och tillgängliga kulturella artefakter, som cd-skivor och uppspelningsutrustning. På en mer detaljerad nivå blir det så att en låt som barnen sjunger till upprepade gånger blir en "sånglåt" medan en låt som de brukar dansa till blir en "danslåt".

Ett performativitetsperspektiv innebär att ögonblicken får en annan status än den vanliga. Närmare bestämt betraktas ögonblicken inte bara som något som visar symtom på barnens utvecklingsnivå och kunskap i och om en barnmusikalisk repertoar. Ögonblicken betraktas i stället som *där det händer*: i ögonblicken bekräftas och skapas kulturen. Mer specifikt skapas och upprätthålls också barns relationer till musik. Om man går ännu ett steg längre och ser på två centrala företeelser i utforskningen av hur barn använder musik, nämligen "musiken" och "barnet", kan man ur ett performativitetsperspektiv se det som att både musikens mening och barnet själv skapas i ögonblicken. Musikens mening och barnets identitet är något som *händer* i ömsesidigt konstituerande processer. Detta återvänder jag till i exemplen senare i texten.

Det som händer förstått som värdefulla ögonblick fyllda av glädje

Att ögonblick med musik kan upplevas som fyllda av glädje och värde är något som är framträdande i datamaterialet. I det följande ska jag förklara detta grundligare genom att återge två intervjuutdrag. I båda exemplen beskrivs det som händer när inspelad musik "sätts på" på förskoleavdelningen. I det första exemplet beskriver två förskollärare det som händer som "ett ögonblick fyllt av väldig glädje".

FÖRSKOLLÄRARE 1: Jag tror att de [barnen] får en sån inre glädje, eller ... att man får lust att röra på sig, eller ... man blir glad, liksom, när man hör på den musiken som man hör på i förskolan.

FÖRSKOLLÄRARE 2: Det tror jag också. För de [barnen] får en väldig lust att dansa. Speciellt om de vuxna börjar dansa, för det har jag gjort några gånger. Jag har börjat att, liksom ... [visar genom att vicka på kroppen och lyfta ena armbågen rytmiskt]. Då har de börjat flina och liksom "se på dig då, liksom, vad gör du?" "Men jag dansar ju!" [svarar jag]. "Dansar du, liksom!" "Men så dansar man ju inte, bara står där och vickar på rumpan, liksom" [säger de]. Och då [är det] väldigt roligt och då strömmar det ju till barn. Om man inte hade satt igång musiken så hade det inte blivit av. För det är ett väldigt glädjefullt ögonblick. Även om det inte varar så väldigt länge, några få minuter bara, så är det de fem minuterna. Jag tycker att det ger väldigt mycket glädje.

Musikbruket har här karaktär av något som uppstår spontant, samtidigt som det är nog så flyktigt – det varar enligt förskolläraren bara några få minuter. Det är en bra spänning i samtalet vid den här tidpunkten, vilket bekräftar att detta upplevs som både positivt och viktigt. Ögonblick fyllda av glädje som detta konstituerar kontakt mellan människor. Förskolläraren berättar att barn "strömmar till" för att vara med. I en annan intervju berättar en barnskötare som har observerat vad som händer med barnen emellanåt när man sätter på musik i förskolan. Begrepp som "liv", "rörelse" och "engagemang" står i fokus och utöver detta beskrivs det som att barnen "ställer in sig" på något gemensamt. På frågan om vad de associerar med ordparet "barn" och "musik" förklarar barnskötaren och föreståndaren följande:

> Spontant och i munnen på varandra nämner föreståndaren och barnskötaren nyckelorden "liv", "rörelse" och "engagemang". Barnskötaren upprepar: "Ja, engagemang, liksom. Att barnet engagerar sig väldigt i musiken ... och ..." Föreståndaren bryter in och lägger till: "och så ser jag framför mig när de små gör så här!" Hon lyfter armarna på sidan så att de pekar lite uppåt, med lätt böjning på armbågen. Båda benen står fast på marken och hon gungar framåt och bakåt medan hon rytmiskt böjer på knäna. Barnskötaren ler: "Ja, den knädansen ja!" Båda skrattar och barnskötaren fortsätter: "De är så lätta att få i gång med musiken på sätt och vis, från den sekunden du börjar. Det är en sån *setting* som de är med på med en gång." Föreståndaren bekräftar. "I alla fall de minsta", fortsätter barnskötaren, "de större också, tror jag." Föreståndaren bekräftar igen.
>
> Barnskötaren fortsätter: Väldigt ofta när du sätter på musik så ser de [barnen] på varandra med en gång. De får lite mer kontakt. De ser på varandra, och så kanske de skrattar, med en gång ... Det är precis som om de hittar nån form av våglängd som de faktiskt *connectar* på, på ett eller annat sätt. Det tror jag kan skapa mycket glädje. Det är precis som om de ställer in sig på samma grej liksom.
>
> Föreståndaren bekräftar barnskötarens observation och beskriver det han har observerat som "gemenskap".

Just upplevelsen av att gemenskap, närhet mellan människor och glädje konstitueras i sådana ögonblick återkommer ständigt i materialet. Ett gemensamt drag mellan de två exemplen som nämnts är att dans och dansinspirerade rörelser är ett sätt att delta i musiken. Detta upplevs som intresseväckande och det är lätt att "få i gång" barnen på det här viset, som barnskötaren uttrycker det. Relationen mellan barnen understryks i det senare exemplet: när musiken slås på får barnen kontakt med varandra. "Det är precis som om de hittar någon form av våglängd som de faktiskt *connectar* på", säger barnskötaren.

Christopher Small (1998, 1999) beskriver relationer i musikdeltagande. Han argumenterar för musiken som verb, som något man gör, nämligen "att musika" [*to music*]. Han betraktar att delta i musikutövandet som det viktigaste. Utövandet rör sig om relationer, bland annat mellan deltagarna, och han beskriver musikutövande som ett *firande* av relationerna. En sådan beskrivning passar bra på exemplen ovan. Man kan säga att konstituering och firande av relationerna går hand i hand.

Øyvind Varkøy (2009) kopplar vidare Smalls begrepp om *musicking* och det relationella till existentiell erfarenhet. Musikanvändningen får därmed en viktig estetisk dimension. Det att utöva musik och fira relationer, som i exemplen ovan, kan upplevas som något åt det existentiella hållet, både för barn och vuxna. Många av beskrivningarna som hämtats från datamaterialet innebär "ryck" (jfr Varkøy 2010) där röst, blick och intensitet ändras. Något i detta estetiska och existentiella får genklang i teorier inom den positiva psykologin. Begrepp som glädje, gemenskap, goda relationer (med sig själv, med andra människor och med något gudomligt, jfr Varkøy 2009), engagemang, harmoni, balans och "upplevelse av meningsfullhet" är just begrepp som kan räknas som symtom på subjektivt välbefinnande. De är dock samtidigt känslor som kan bidra till att bygga subjektivt välbefinnande och motstånd mot negativa känslor (Delle Fave m.fl. 2011; Fredrickson 2005; Ruud 2001; Tugade & Fredrickson 2007; Vella-Brodrick, Park & Peterson 2009; Vestad 2012). Barns musikanvändning skulle enligt detta kunna underlätta och förebygga god psykisk hälsa. Att det estetiska/insiktsmässiga kan fungera som en resurs för människan ur ett livsperspektiv, finner härigenom stöd i ett teoretiskt perspektiv och ämnesfält som snuddar vid detta.

Musiken som "krok"

I exemplet ovan beskrev barnskötaren hur barnen deltar i musik genom att säga att det är "som om de ställer in sig på samma grej, liksom". Att stämma av mot varandra är en täckande beskrivning av musikbruk och musikaliska ögonblick i flera delar av datamaterialet. Från spädbarnspsykologin känns begreppet affektintoning igen. Begreppet beskriver hur vuxna tonar in sig på barnets emotionella tillstånd. Det är alltså en kommunikationsform där föräldern förhåller sig till barnets känsloliv (Stern m.fl. 1984). En på vissa punkter liknande kommunikationsform användes av mamman i det exempel jag strax ska återge. Mamman beskriver musik som en "viktig grej" som hon och barnen kan göra tillsammans. Hon önskade allmänt att få veta vilka sånger de anställda på förskolan sjöng med barnen, så att hon kunde sjunga dem med barnen därhemma. Hon förklarar i det följande musikens affordanser genom att beskriva musiken som något som erbjuder "krokar":

> INGEBORG: Du talade [tidigare i intervjun] om att när du sjöng musik från förskolan så kunde de [barnen] börja berätta. Tror du att musiken påminner dem om saker från förskolan?
>
> HEDDAS MAMMA: Ja, det tror jag också ... men ofta så är det ju lika mycket det som har hänt i deras huvuden, så det är ju inte sanningen jag får, om du förstår vad jag menar. Jag tänker inte att jag får veta att "och sen gjorde vi det, och sen gjorde vi det", för det får jag aldrig. Om jag frågar om det så har de aldrig lekt något. Eller så pratar de bara strunt ... men det finns väldigt mycket ... det jag vill veta är vad som händer här inne [pekar mot sitt eget huvud]. Och där kan det vara väldigt mycket spännande som sker, det kan vara otroligt mycket spännande som sker. De historierna får du i varje fall efter musiken ... "Och den och den och spindeln och ormen kom och". "Jättebra!", liksom. Då sitter vi där och [säger] "jösses, det var ju en historia som heter duga". Så det är bara det att de förmedlar. Det är det som är viktigt, att de förmedlar något. Att det bara är struntprat och nonsens ... det är fantasi ... det är deras inre ... spänning över något. Det är det jag tänker på. För då [med musiken] får de några krokar att berätta det på.

Musiken beskrivs alltså här som "krokar", som barnens förmedling kan "hängas på". Förmedlingen handlar om barnens tankar och känslor, snarare än att återge kronologiska händelseförlopp. Den vuxnas roll som en slags medupplevare står centralt, och "struntprat" blir värdefulla yttringar för den vuxna i den här rollen. På det här sättet kan mamman få tillgång till något från barnens liv i förskolan, beskrivet som barnens "fantasi" och deras "inre spänning över något". Hon får veta vad som sker inuti deras huvuden, vilket mamman upplever som meningsfullt. Barnet får å sin sida bekräftat att det han eller hon berättar är värdefullt. Ur ett musikpedagogiskt perspektiv kan mammans engagemang i sådana samtal sägas bekräfta och fördjupa både barnets upplevelse av musik, i musik och genom musik, och dessutom utveckla barnets förmåga att prata om musik och musikupplevelser.

I samtalen skapas barnet samtidigt som musikens mening. När man koncentrerar sig på barnet kan man säga att när barnet förmedlar genom musiken och i musiken så *blir det till*. DeNoras beskrivning ligger nära detta: "As this music happens, so do I" (DeNora 2000 s. 158). Med blicken riktad mot relationen mellan mamma och barn kan detta skrivas om så här: "As this music happens, so do *we*". Med hjälp av Small (1998, 1999) kan man samtidigt beskriva det som händer som att delta i musik och som att fira relationerna, så som jag var inne på ovan. Slutligen kan man med hjälp av DeNora (2000) säga att i sådana ögonblick skapas också mamman som "mamma". Musiken får mening som "krok" för samtalen, men vävs samtidigt in i barnets identitet, mammans identitet och relationen dem emellan, och får betydelse i ljuset av detta.

Musiken som "motor"

I samband med barnens egeninitierade lek med fonogram i förskolan beskrevs musik som spelades från cd-skivor bland annat som en "motor för ögonblick". I det här avsnittet diskuterar jag hur musiken fungerar som motor för lek och samtidigt som motor för vänskap. Vid några av de tillfällen där barnens lek observerades, användes musik på cd som en drivkraft för att kunna inkorporera musiken i leken på ett tämligen direkt sätt. Barnen intog rollerna av figurerna i olika sånger och spelade upp händelserna som sångerna och musiken berättade om i ett slags rollspel medan de lyssnade på cd:n. Barnen i förskolan Sol gav prov på ett sådant exempel när de lekte till cd-skivan med musiken från barn-tv-serien *Jul i Blåfjell* (1999, se även Vestad 2010). I en intervju beskrev barnen cd-skivan som nödvändig för den här leken, och motiverade detta med att de annars inte visste när de skulle göra de olika sakerna. Förskollärare och barnskötare vid samma avdelning förklarade att de uppfattade att cd:n med spåren i en fast ordningsföljd erbjöd ett manus som strukturerade leken och att musiken skapade den rätta atmosfären. En intressant iakttagelse var att barnen inte använde kostymer eller utklädnader i den här leken. Det kan däremot beskrivas som att de "iklädde sig" musiken, som är komponerad för att beskriva rollfigurernas personlighet och känslomässiga tillstånd (Vestad 2004). Genom att leva sig in i musiken från en roll *blev* barnen rollfigurerna från tv-serien på ett lekfullt sätt. Det kan beskrivas som att musiken på cd:n utgjorde ett både strukturellt och emotionellt manus, genom hur den komponerats och genom de minnen den väckte om händelserna och berättelserna i tv-serien.

I andra exempel använde de studerade barnen fonogram mer som bakgrundsmusik för leken de höll på med. Exempelvis byggde de två fyraåringarna Hedda och Marthe en koja under ett litet bord i ett av förskolan Månes små rum, medan de spelade musik på cd-spelaren bredvid. Den här leken återkom flera gånger under observationsperioden och gick i stora drag ut på att bygga själva kojan av bord, filtar och kuddar. När det var gjort åt barnen låtsasmat i och utanför kojan och lekte med andra leksaker. För mig som observatör var det utmanande att avgöra om musiken hade någon funktion i den här leken. De av barnens rörelser som såg ut att direkt ha något med musiken att göra framstod på många sätt som störande snarare än att underlätta leken, eftersom barnen ibland närmast avbröt och "gick ut ur" kojbyggandet för att röra sig till musiken.

I en av intervjuerna med personalen på förskolan Måne kom den ena av förskollärarna och två av barnskötarna ouppmanat in på de här två flickornas kojbyggarlek. Precis före intervjuutdraget nedan hade samtalet rört sig om barn, musik och upplevelse, och förskolepersonalen samtalar här om hur barn reflekterar kring musik, hur de använder musik för att stänga andra ute och för att förstärka vänskaper.

FÖRSKOLLÄRAREN: Jag tror inte att de [barnen] gör så som vi, att de liksom värderar, men jag tror det är mer att de har en upplevelse till musiken ... och en del gånger [skrattar] så kan de kanske sätta på en sång som de vet att de inte vill lyssna på, för att det är det de vill just då ...
BARNSKÖTARE 1: Ja, det har jag faktiskt lagt märke till ... men så är det ju alltid, vare sig det är musik eller inte, liksom. Till exempel som en gång när två pojkar var i köket, och så sa den ene "kiss" och då sa den andre att den förste sa "kiss", och då var det som att han bara sa det för att

irritera den förste. Så är det mycket med musiken också, att "den gillar jag, men du gillar inte den alls, så då får jag ut dig ur rummet". Jag tror att de tänker lite så också. …

FÖRSKOLLÄRAREN: Jag tror det är speciellt för vänskap, till exempel, att de har sina sånger också, som de faktiskt tycker om. Och så som du säger nu [vänder sig mot barnskötaren] att de faktiskt sätter på en låt som de vet att några andra inte tycker om för att … kanske få ut dem ur rummet, eller …

BARNSKÖTARE 1: Det är samma som med oss. Finns det något bättre än att sitta på en buss till exempel, med en nära vän och båda två hör på samma låt? Och båda två gillar den låten. Då blir det ju bättre stämning.

FÖRSKOLLÄRAREN: Ja [skrattar].

BARNSKÖTARE 1: Så som Hedda och Marthe då, de lyssnar ju mycket på musik tillsammans, och bygger en koja och lyssnar på musik och …

FÖRSKOLLÄRAREN: [De lyssnar mycket på sånger av] Astrid Lindgren.

BARNSKÖTARE 1: Samma musik [varje gång], inte sant? Och då tror jag att det förstärker deras vänskap. De har ju en bra vänskap också. Så tror jag absolut att det fungerar. Måste säga att det är ganska psykiskt.

INGEBORG: Vad tror du att musiken gör just i den där leken med kojan? …

FÖRSKOLLÄRAREN: Jag tror att den är en del av leken. Att det är den leken de leker. Om de inte har den musiken så är det inte samma lek. … För det är lite så, "nu ska vi bygga koja, nu måste vi ha musik". Jag känner iallafall så.

INGEBORG: Utan att de direkt leker till musiken?

BARNSKÖTARE 2: De har den bara i bakgrunden.

BARNSKÖTARE 1: Och så är det så de är vana att göra.

FÖRSKOLLÄRAREN: Det har liksom bara blivit så.

BARNSKÖTARE 1: … de får upp energin.

FÖRSKOLLÄRAREN: Bygga-koja-motorn [skrattar].

BARNSKÖTARE 1: Ja, precis!

Musiken och leken konstitueras här som två sidor av samma sak. Den är en del av leken. Intervjudeltagarna kommer tillsammans fram till att musiken kan beskrivas som en "motor", en motor både för leken och för vänskapen mellan de två flickorna. Sagt på ett annat sätt, med ett performativt perspektiv som klangbotten: Genom musiken skapas och upprätthålls ögonblicket,

och det är i sådana ögonblick som vänskapen händer, utövas och upprätt-
hålls. "Allt" sker samtidigt och konstituerar vartannat ömsesidigt.

Återigen kan barnens deltagande i musiken förstås som att fira vänskaps-
relationen mellan barnen (Small 1998, 1999), men dessutom understryks en
förståelse av barnens musikanvändning som något medvetet. De väljer själva
att sätta på den bestämda musiken, eftersom "den är en del av leken" och för
att "det gör deras vänskap bättre". Här ligger en beskrivning av musik som
egen teknik nära till hands (DeNora 2000), alltså att musiken är något som
barnen använder på sig själva, för att upprätthålla sig själva och relationen
mellan varandra.

I utdraget förklarar barnskötarna att barn också exkluderar varandra
genom att använda musik, närmare bestämt genom att spela musik som
de andra barnen inte tycker om för att få dem att gå iväg. I sin doktors-
avhandling om några äldre barns användning av mp3-spelare på skolgården
beskriver Tyler Bickford (2011) något motsvarande: genom att dela ett par
öronsnäckor kan två vänner höra på musik tillsammans. Därigenom bekräf-
tas deras vänskap, samtidigt som andra hålls utanför. Detta kan förstås som
att retas och vara taskig mot andra barn, men också som en sund avgräns-
ning från andra människor. Att skapa sitt eget rum där man kan vara i fred
kan verka nödvändigt när man under stora delar av vardagen uppehåller sig
tillsammans med många människor åt gången.

Musiken som verktyg för att bära med sig och återskapa fina ögonblick

Musiken är ett älskat medium för att minnas. Den ryska historikern Svetlana
Boym skriver om musiken "hemifrån" och knyter den till nostalgin: "The
music of home, whether a rustic cantilena or a pop song, is a permanent
accompaniment of nostalgia" (2001 s. 4). Even Ruud (1997) skriver angående
musik i samband med minnesarbete att musiken kan göra att minnena
strömmar fram. En metafor som kan användas för att beskriva musikens
funktion i sådana sammanhang är musiken som *container* (DeNora 2000).
När man hör musik i en bestämd situation för första gången är det som om
upplevelsen av tid, rum, närvarande personer och stämning lagras i musi-
ken, som om musiken vore en slags behållare. När man sedan öppnar locket
genom att lyssna på den bestämda musiken senare i livet kan det upplevas

som om minnena strömmar ut (DeNora 2000; Ruud 1997). Bland undersök-
ningens vuxna deltagare fanns det en ganska utbredd åsikt om att även barn
medvetet använder musik för att minnas. Ett konkret exempel, hämtat från
en hemvideo, är när Marthe använder en jul-cd för barn i maj månad, enligt
hennes egen utsago "för att minnas julen".

Ute är det vår, nästan sommar, och inne i köket sitter Marthes familj och
äter middag. Musiken som spelas i bakgrunden är "På låven sitter nissen".
Mamman filmar och kommenterar: "Och nu har det blivit jul i [familjens
bostadsort]. Marthe har hittat cd:n med julsånger och den ska vi lyssna
på när vi äter middag." Hon filmar cd-omslaget som ligger på bordet, som
visar att cd:n heter *Barnas jul.* På framsidan finns det bilder av Elisa-
beth och Nissa, programledare i NRK:s barn-tv-program *Julemorgen.*
Marthe tittar upp och mamman frågar henne: "Varför ska vi lyssna på
julsånger nu?" Marthe svarar bestämt och allvarligt: "För att komma ihåg
julen." Filmupptagningen stoppas och när den börjar igen är det sången
"Jeg gikk meg over sjø og land" (som handlar om att sångaren möter en
gammal man som frågar varifrån sångaren kommer, varpå denna svarar
till exempel "Hoppeland") som spelas. Marthe står vid sidan av sin stol
och hoppar energiskt upp och ner. Medan musiken spelas gissar pappan,
mamman och dottern på vad som ska bli nästa vers. Pappan gissar versen
om "Vinkeland", vilket visar sig vara rätt. Detta väcker stort jubel från
de andra två. Både pappa och mamma vinkar med den ena handen till
musiken, medan Marthe fortsätter att hoppa upp och ner.

På ett sätt verkar den här musikaliska händelsen malplacerad. Det är på
något vis som om julens glädje, förväntningar och energi med hjälp av
musiken flyttats till en del av året där de inte "passar". Connell och Gibson
(2003) påpekar att våra affektiva och emotionella investeringar i musik
inte bara kan förklaras utifrån själva musiken, utan måste ses i ljuset av
kontexten, och använder metaforen applikation. Detta är ett begrepp
som egentligen rör sömnad av tyglappar, men som kan belysa exemplet
ovan. När en låt eller sång närmast "klipps ut" från ett sammanhang och
"flyttas" till och "sys på" ett annat följer något av den ursprungliga kon-
textens mening med, som är "lagrad" i musiken. Man upplever (minst)
två "meningar" på en gång, både den som konstituerades i och av den

kontext som musiken från början tillhörde och meningen som konstitueras i nutiden, i den "nya" situationen.

Marthe finner glädje i detta, och i mammans röst på ljudspåret hörs en kombination av förundran och stolthet. Varken videoupptagningen eller intervjun med familjen ger något klart svar på varför det är viktigt för Marthe att minnas julen just då. Det kan tänkas att det är en form av minnesarbete som pågår (Ruud 1997), och/eller att hon rätt och slätt önskar att försätta sig själv i julstämningen, som hon tycker om, så att hon kan återuppleva den.

Ett annat exempel på hur barnen med hjälp av musik framkallar en god stämning ur minnet hämtas från intervjun med barnskötaren och föreståndaren på förskolan Måne.

Barnskötaren har lagt märke till att barnen entusiasmeras av enkla barnmelodier som de vuxna sjunger med dem. Han har observerat att barnen ofta går och sjunger på rader från de här låtarna när de leker senare på dagen. Han berättar att han känner igen detta, eftersom han också tycker om att gå och tralla på låtar emellanåt. Han anser att barnen på det här sättet använder musiken för att "ta med sig" situationer vars utgångspunkt är positiv och fin så att de "hänger kvar lite". Till slut beskriver han musiken som ett "verktyg" som man använder för att bära med sig positiva upplevelser.

Här framträder tydligt en förståelse av musik som ett verktyg för att bära med sig något bra. En sammanställning av barnskötarens beskrivning och exemplet med Marthe som spelade musik för att minnas julen pekar tydligt på att musik även ur barnperspektiv kan vara en bärare av minnen och att barnen vet att använda denna affordans i det egna livet. Musiken framstår här också som något som kan användas som egen teknik för att sätta sig själv i en bestämd och önskad stämning.

Ögonblick av historisk medvetenhet och "små traditioner"

I ett annat exempel gäller det musik från längre tillbaka i tiden, och ögonblicket kan kopplas till historisk medvetenhet. Det är Marthe och mamman som enligt egen utsago myser genom att lyssna på musik i vardagsrummet.

Exemplet kan ses som ett ögonblick där relationen mellan dem konstitueras, men här lägger jag fokus på ett annat sammanhang, nämligen ögonblick där relationer mellan generationer tydligt framkommer, konstitueras och firas:

> Marthe sitter på vardagsrumsgolvet i familjens hem med cd-spelaren och några leksaker framför sig. Mamman sitter i soffan. De myser med att lyssna på musik på det här sättet, förklarar mamman. Marthe följer intensivt med och hela kroppen är vänd mot spelaren. Hon slår sig på låren i takt med musiken. Från cd-spelaren hörs efter en stund en ramsa:
>
> > Ride, ride Ranke til møllerens hus [Rida rida ranka]
> > Der var ingen hjemme bare en liten kattepus [hästen heter Blanka]
> > Hanen galte, katten malte, [Vart ska vi rida?]
> > Kykkeli, kykkeli ky! [Till en liten piga!]
>
> Mamman är med på en del av orden, och det låter som om hon letar sig fram lite. Efteråt säger hon: "Den tror jag att mormor också kunde. Så den är gammal." "Jaså", svarar barnet och tittar intresserat upp på mamman. [...]
> Efter ett spår som är en kraftigt förkortad instrumentalversion av "The girl from Ipanema", då Marthe har rest sig upp och dansat runt vilt i vardagsrummet och mamman har nynnat med, kommer ramsan "Bamse, bamse ta i bakken". Mamman är återigen med på texten, och när ramsan är slut säger hon med innerlighet och iver i rösten: "Den hade din mamma också när hon var liten. Precis den." Marthe tittar intresserat på henne.

Det finns en intensitet i det här utdraget som visar att det händer något viktigt, både för mamman och för dottern. Under samtalet med dottern röjer mammans röst en värme och en närvaro som intresserar, griper och närmast förundrar barnet. Barnet ges genom de här ögonblicken en form av spontan historieundervisning som vävs samman med hennes mormor och mammas förhållande till ramsan och sången. Barnet vävs i ögonblicken själv in i historien, och gemenskapen mellan familjemedlemmarna över generationsgränserna skapas och upprätthålls.

Tidigare skrev jag att ett performativt perspektiv innebär mindre fokus på den musikaliska barnkulturen som ett färdigt objekt som överförs från en generation till nästa, och mer fokus på musikalisk barnkultur som process. Det förra exemplet är ett exempel på att en gammal repertoar ingår i nya sammanhang och att sången och ramsan tillskrivs mening i den nya situationen, samtidigt som mammans tidigare upplevelser av repertoaren och med repertoaren också spelar in. Repertoaren och de tidigare upplevelserna av den och med den tillskrivs mening i efterhand och färgas därmed av nutiden (Boym 2001; Ruud 1997). Resultatet blir att repertoaren inte förmedlas på ett distanserat sätt. Det är som om den vore ett värdefullt föremål från mammans personliga och imaginära museum – för att låna musikvetaren Lydia Goehrs (2007) begrepp – som barnet får inblick i. Sångerna är värdefulla för mamman, men mamman tillskriver dem plats i muséet när hon återupptäcker dem tillsammans med dottern. Genom att lägga till begreppet "personlig" till Goehrs begrepp om ett imaginärt museum får sångerna betydelse utifrån deras roll i ett specifikt liv som någon levt. Med hjälp av Clarke (2005) kan man säga att sångerna resonerar med mamman på ett bestämt sätt och att hon mot bakgrund av detta differentierar musikupplevelsen för barnet genom att berätta om sina personliga erfarenheter av sångerna. De ögonblick av närhet till dåtiden som uppstår här innebär en form av lärande där det som lärs ut förmedlas med innerlighet. Betraktat som applikation (Connell & Gibson 2003) kan man säga att kanterna mellan tyglapparna suddas ut i det här exemplet. Barnet har redan sångerna på repertoaren och för henne tillhör de därmed redan dagens musikkultur. Genom mammans differentiering får hon kanske syn på sömmar i det lapptäcke som dagens musikaliska barnkultur består av och förstår att dagens repertoar är sammansatt av både gammalt och nytt. Samtidigt lär hon sig något om mamman och hennes förhållande till musik. På samma gång som detta sker konstitueras i ögonblicken också musikens mening i nutid för barnet.

Ett annat begrepp som användes av en av de intervjuade bland förskolepersonalen, som är intressant i det här sammanhanget, var att ta vara på "en liten tradition". Förskolläraren hade lyssnat på julmusik tillsammans med sin familj då hon själv var barn, och den här musiken brukade hon nu höra på tillsammans med sina egna barn. Hon beskrev det som en "liten tradition" eftersom hon visste att inte alla kände till eller brukade höra på de sånger hon var van vid, men för henne var dessa de viktigaste. En mer allmän tradition med julsånger i juletid bars därmed vidare, baserat på personligt upplevd meningsfullhet. Hennes barn fick bidra till familjens repertoar av julmusik och bruk av julmusik, till exempel genom det de lärde sig i förskolan, och på så vis skapades en ny "liten tradition", bestående av en blandning av gammalt och nytt (jfr Bakhtin 1984, 1986).

En kommentar till misslyckade ögonblick

I en sista kommentar till musik som något som skapar ögonblick kommer jag att beskriva en sorts situation där musiken inte gav något sammanhang i tillvaron på det sätt som förskolepersonalen hade önskat. På båda förskolorna fick barnen lov att ha med sig cd-skivor hemifrån och lyssna på musiken tillsammans med de andra barnen. Förskolepersonalen motiverade detta med att det bidrog till att skapa ett sammanhang mellan barnets vardag i hemmet och vardagen i förskolan. Detta fungerade ofta bra, men emellanåt uttryckte barnen att de inte ville att förskolepersonalen skulle sjunga vissa sånger. Än en gång är det en förskollärare som förklarar med hjälp av en av barnskötarna:

FÖRSKOLLÄRAREN: Jag har varit med om barn på småbarnsavdelningen som hade sånger de regelbundet sjöng hemma och som de inte ville att vi skulle sjunga i förskolan. ... Till exempel en godnattvisa som var något som de kopplade till en situation därhemma, och då skulle vi inte sjunga den i förskolan ...

BARNSKÖTAREN: Den ska mamma sjunga, inte du, och så där.

FÖRSKOLLÄRAREN: Ja, den ska mamma sjunga under en bestämd ritual ...

Förskolepersonalen uppfattar att barnet de här berättar om har en anknytning till en bestämd sång som inkluderar sångens kontext, nämligen att mamman brukar sjunga den i samband med ritualen vid läggdags. Det framkommer inte tydligt om problemet när den sjungs i förskolan är att det rör sig om att barnet inte vill lägga sig eller att sången påminner starkt om mamman. Kanske är det en kombination, på så vis att barnet kopplar sången till helheten "hem", "mamma" och "ritualen vid läggdags". Connell och Gibsons (2003) begrepp om applikation kan vara ett fruktbart verktyg för att framhäva även sådana händelser. Mammans differentiering (Clarke 2005) i exemplet där Marthe lyssnar på musik från mammans barndom innebar ett synliggörande av sömmarna i den musikaliska barnkulturens lapptäcke. Samtidigt kan händelser som den som beskrivs i utdraget ovan jämföras med att sömmarna och kanterna mellan tygbitarna är alltför tydliga. När sången sjungs av mamma i ett bestämt sammanhang kan den till exempel jämföras med ett väldigt värdefullt tyg. När en bit (sången) klipps ut av tygstycket den tillhör (sångens kontext som bidrar till att ge den värde) och appliceras på ett nytt tyg (förskolesituationen där den sjungs) "passar" det inte ur barnets synpunkt. Det är som att två världar kolliderar. Missförhållandet blir så stort att barnet blir känslomässigt berört av det och ber den vuxna att sluta sjunga. Sådana exempel visar att små barn har sina egna förhållanden till musik. Redan som mycket små har många tillskrivit bestämda affordanser till bestämda sånger knutna till bestämda kontexter, och det går inte att bara flytta sångerna – med allt som de innehåller och är bärare av i barnets värld, jämför diskussionen om musik som "verktyg" – till andra kontexter.

Musik som "hemplats" och något man kan lita på – en sammanfattning

Som avslutning på det här kapitlet kommer jag att återvända till intervjun med Heddas föräldrar. Heddas mamma var intresserad av musik för sin egen del och från intervjun med henne och hennes man hämtas en förståelse av musik som "något man kan lita på" och en "hemplats". Hon förklarar:

> Jag är en sån som inte kan föreställa mig en tillvaro utan musik. Jag är inget operafan, men jag är väldigt glad för väldigt olika sorters musik, särskilt musik som kan växa lite med mig, även om jag inte är en sån kvalitets-lyssnare, om du förstår vad jag menar ... Men jag tycker att musik är jätte-spännande, du ser hur musiken är uppbyggd och det är en massa saker med musiken som på ett sätt är ett spel i sig själv, liksom. Jag tror det är lite så för barn också, att de kan hitta en del ljud i musiken som på något vis bara är lite lugnande, eller att de kan hitta en del lite sådär spännande grejer som är lika spännande varje gång. Ett sånt där litet "plong" där, eller ... ett eller annat som blir liksom helt ... alltså musik i sig själv är på ett sätt ... det är både en flykt och en tillhörighet ... även för väldigt många barn blir det så att du vet vad som kommer när du kan en sång. Du kan räkna med musiken, liksom, eller hur? När jag sätter på min [gamla inspelning av] ABBA så är det inte riktigt samma sak ... det måste vara likt. Så jag tror lite att det är det där med att finna ro i tillvaron, då blir sånger något av det som på ett vis då skapar din plats. ... Och så är det för mig också. Jag har varit i kulturer ... rest i Asien och så, där det var mycket musik, men inte

min musik. Jag var tvungen att koppla in min musik därhemma. ... För att det var jag, det är min tillhörighet, min bas, det är där jag är. Det är väldigt spännande med indisk eller asiatisk [musik], eller hur? Men det är egentligen lite främmande ljud för mig. Det är utforskning. Medan det andra ju mer är som bekräftelse, [en sån] här-är-jag, detta-är-jag-grej. För mig är det Tina Turner, "Simply the best". Det har något att göra med att de rytmerna och det sättet att ... det är ju på ett sätt det jag är van att lyssna på. Det sättet musiken byggs upp på och är på.

INGEBORG: Så den synkroniserar på ett vis dig med dig själv?

MAMMAN: Ja, ja [ivrigt], du kommer liksom tillbaka lite till där du är, eller hur? Där du står, där du är.

INGEBORG: Är det samma musik som gäller hela livet då, eller kan det vara ny musik?

MAMMAN: Ja, det kan vara ny musik, men det är liksom lite inom det där man är. En artist som man på sätt och vis har följt, som kanske har ändrat sig, eller en musikgenre ... Det är ändå som att du märker att den typen av musik, liksom ... även om den är aldrig så högljudd så är den lugnande.

När barn använder musik och när vi vuxna använder musik med barn så bidrar vi till barnens musikaliska hemplatser, som kan förstås som en slags "bas". Sådana hemplatser är något man kan återvända till för att återhämta sig. Som kvinnan i den här intervjun uttrycker det: hon balanserar utforskandet av nya saker med att söka det välkända, det som "är hon", för bekräftelse. Hon kommenterar de små delarna i musiken ("en del ljud" och "ett sånt litet 'plong'") och pekar på bandet ABBA:s musik. I samma intervju berättar hon att hon hade hört att barnen lyssnade på ABBA i förskolan, och så ville hon sätta på ABBA därhemma för att lyssna på dem tillsammans med barnen. Men hennes inspelning var från hennes ungdomstid och var en annan än den de hade i förskolan. Enligt mamman blev detta inte rätt för barnen, och de var inte särskilt intresserade förrän de fick höra samma inspelning som i förskolan hos en moster. Då ville de lyssna, och mamman drog slutsatsen att den måste vara "helt likadan", annars upplevs det inte som samma låt.

Detta sätter i verket en sorts autenticitetsdiskurs där det inte är musikens autenticitet historiskt sett som är i fokus, utan musiken i individens historia. Den version man hör först upplevs gärna som den autentiska. Man kan tänka sig att det är en sådan känsla av autenticitet som krävs för att musiken ska fungera som en hemplats och en bas och för att skapa ögonblick av närhet till sin egen identitet och sig själv. Man kan hitta stabilitet när musiken upplevs som "helt likadan". Att vända tillbaka till sig själv genom musik verkar vara viktigt genom hela livet, även i en del av livets sista faser där man för omvärlden ser ut att ha förlorat sig själv helt (Kvamme 2013).

Hur musik inverkar på individer är väldigt komplicerat. Följaktligen är det mycket svårt att planera musikupplevelser på förhand. Med hjälp av affordansbegreppet kan man säga att meningen varken bärs enbart av strukturerna i musiken eller av människorna som tillskriver musiken mening. Affordanserna ligger mellan objektet och subjektet, mellan musik och lyssnare och tillhör varken den ena eller den andra av dem – om man vill kan man säga att affordanserna tillhör båda två (Gibson 1986). Musikens affordanser innehåller dessutom en dimension av något situationellt, som vidare kan ses i ljuset av historiska, kulturella och diskursiva faktorer. Mot bakgrund av ett empiriskt material har jag i det här kapitlet beskrivit musik som "krokar" för samtal, som "motor" i lek och för vänskap, som "verktyg" för att bära med sig goda ögonblick och som "hemplats". Vidare har jag sett de här metaforerna i ljuset av teoretiska perspektiv på relationer, firande, självteknologi, kulturförmedling och ett begrepp om applikation. Det som framkommer i det här kapitlet minskar inte komplexiteten, men exemplen ger en del begrepp som kan bidra till medvetenhet om, och att "upptäcka" (Marsh 2008), barns musikbruk och musikens affordanser i barnkulturella sammanhang. Förhoppningsvis kan exemplen också bidra till att göra både musiklärare och andra vuxna medvetna om *ögonblicken* i vilka musikens mening och betydelse skapas och upprätthålls, på ett sätt som gör att man enklare kan uppträda som stöttande, kunskapsrika och medupplevande vuxna i barnens musikaliska vardagsliv.

Litteratur

Bakhtin, M. M. (1984). *Problems of Dostoevsky's poetics.* Minneapolis: University of Minnesota Press.

Bakhtin, M. M. (1986). *Speech genres and other late essays.* Austin: University of Texas Press.

Bickford, T. (2011). *Children's music, MP3 players, and expressive practices at a Vermont elementary school: media consumption as social organization among schoolchildren.* Doktorsavhandling, Columbia University, http://academic-commons.columbia.edu/catalog/ac%3A135338. Hämtat 2012-11-08.

Boym, S. (2001). *The future of nostalgia.* New York: Basic Books.

Butler, J. (2006). *Gender trouble: feminism and the subversion of identity.* (2 uppl.) New York: Routledge.

Clarke, E. F. (2003). Music and psychology. I: M. Clayton, T. Herbert & R. Middleton (red.) *The cultural study of music: a critical introduction.* New York: Routledge, s. 113–123.

Clarke, E. F. (2005). *Ways of listening: an ecological approach to the perception of musical meaning.* Oxford: Oxford University Press.

Connell, J. & Gibson, C. (2003). *Sound tracks: popular music, identity and place.* London: Routledge.

Delle Fave, A., Brdar, I., Freire, T., Vella-Brodrick, D. & Wissing, M. P. (2011). The eudaimonic and hedonic components of happiness: qualitative and quantitative findings. *Social Indicators Research,* 100, s. 185–207.

DeNora, T. (2000). *Music in everyday life.* Cambridge: Cambridge University Press.

Dyndahl, P. (2003). *Truly yours, your biggest fan, this is Stan: dramaturgi og iscenesettelse hos Eminem* (Høgskolen i Hedmark Notat nr. 1, 2003), Hämtat på: http://brage.bibsys.no/hhe/handle/URN:NBN:no-bibsys_brage_30038

Fredrickson, B. L. (2005). The broaden-and-build theory of positive emotions. I: F. Huppert, N. Baylis & B. Keverne (red.) *The science of well-being.* Oxford: Oxford University Press, s. 217–240.

Gibson, J. J. (1986). *The ecological approach to visual perception.* New York: Psychology Press.

Goehr, L. (2007). *The imaginary museum of musical works: an essay in the philosophy of music.* Oxford: Oxford University Press.

Jul i Blåfjell (1999). [cd]. Oslo: Sony Music.

Kvamme, T. S. (2013). *Glimt av glede: musikkterapi med demensrammede som har symptomer på depresjon og angst.* Doktorsavhandling. NMH-publikasjoner 2013: 7. Oslo: Norges musikkhøgskole.

Marsh, K. (2008). *The musical playground: global tradition and change in children's songs and games.* Oxford: Oxford University Press.

Potter, J. & Wetherell, M. (1987). *Discourse and social psychology: beyond attitudes and behaviour.* London: Sage.

Rammeplan for barnehagens innhold og oppgaver (2006). Oslo:
Kunnskapsdepartementet.

Rammeplan for barnehagens innhold og oppgaver (reviderad utgåva) (2011). Oslo:
Kunnskapsdepartementet.

Ruud, E. (1997). *Musikk og identitet.* Oslo: Universitetsforlaget.

Ruud, E. (2001). *Varme øyeblikk: om musikk, helse og livskvalitet.* Oslo: Unipub.

Small, C. (1998). *Musicking: the meanings of performing and listening.* Hannover:
University Press of New England.

Small, C. (1999). Musicking: the meanings of performing and listening: a lecture.
Music Education Research, 1 (1), s. 9–21.

Stern, D. N., Hofer, L., Haft, W. & Dore, J. (1984). Affective attunement: the sharing
of feeling states between mother and infant by means of inter-modal fluency. I: T.
Field & N. Fox (red.) *Social perception in infants.* Norwood: Ablex, s. 249–268.

Tugade, M. M. & Fredrickson, B. L. (2007). Regulation of positive emotions: emotion
regulation strategies that promote resilience. *Journal of Happiness Studies,* 8,
s. 311–333.

Wetherell, M. & Potter, J. (1992). *Mapping the language of racism: discourse and the
legitimation of exploitation.* New York: Columbia University Press.

Varkøy, Ø. (2009). The role of music in music education research: reflections on
musical experience. *Nordisk musikkpedagogisk forskning. Årbok 11, 2009,* s. 33–48.

Varkøy, Ø. (2010). Musikkopplevelse som eksistensiell erfaring: i Kunnskapsløftet.
I: J. H. Sætre & G. Salvesen (red.) *Allmenn musikkundervisning: perspektiver på
praksis.* Oslo: Gyldendal akademisk, s. 23–38.

Vella-Brodrick, D. A., Park, N. & Peterson, C. (2009). Three ways to be happy:
pleasure, engagement, and meaning: findings from Australian and US samples.
Social Indicators Research, 90, s. 165–179.

Vestad, I. L. (2004). *Barneplater: kultur eller bare kult? En intervjuundersøkelse
i familieperspektiv.* Masteruppsats, Oslo: Universitetet i Oslo, Institutt for
musikkvitenskap.

Vestad, I. L. (2010). To play a soundtrack: how children use recorded music in their
everyday lives. *Music Education Research,* 12 (3), s. 243–255.

Vestad, I. L. (2012). "Da er jeg liksom glad ...": om musikk og livskraft i et
barnekulturperspektiv. I: G. Trondalen & K. Stensæth (red.) *Barn, musikk, helse.*
Skriftserie från Senter for musikk og helse, NMH-publikasjoner 2012: 3. Oslo:
Norges musikkhøgskole, s. 123–146.

Vestad, I. L. (2013). *Barns bruk av fonogrammer: om konstituering av musikalsk
mening i barnekulturelt perspektiv.* Doktorsavhandling, Oslo: Universitetet i Oslo,
Det humanistiske fakultet.

KAPITEL 7

Musik i förskolan

ANNA EHRLIN

I det här kapitlet ska vi möta förskolan Sångfågeln. Där har personalen utvecklat ett arbetssätt som innebär att olika musikaktiviteter används som redskap för att stimulera barnens sociala och språkliga utveckling. Musik betraktas som ett kommunikativt uttryck som kompletterar det talade språket, men också som ett alldeles eget uttryck som är viktigt att få lära känna för sin egen skull.

Lärande sett ur ett sociokulturellt perspektiv

Nuvarande läroplan för förskolan, Lpfö 98, 2010, tar utgångspunkt i ett sociokulturellt perspektiv på lärande, ett teoretiskt perspektiv som i Sverige främst inspirerats av Lev S. Vygotskij (Vallberg-Roth 2001). Enligt ett sociokulturellt perspektiv har den omgivande miljön och de människor och redskap människan interagerar med avgörande betydelse för lärandet. Lärande är något som ständigt antas pågå i alla mänskliga aktiviteter, både på ett individuellt och på ett kollektivt plan, och det är just samspelet mellan individ och kollektiv som är intressant ur ett sociokulturellt perspektiv. Detta teoretiska perspektiv tar helt avstånd från att kunskap är något som finns utanför individen bortkopplat från ett sammanhang. Kunskap uppfattas alltså i stället som något individen utvecklar i relation med omgivningen. Denna syn på lärande utgår helt enkelt från att människor ständigt lär av och med varandra i de aktiviteter och sammanhang de ingår i. Lpfö 98, 2010, understryker därför att förskolan ska vara en social miljö där barn kan delta i olika samspelssituationer i vilka de kan få stöd av andra i utveckling och lärande.

Musik och språk

På förskolan Sångfågeln har man bland annat valt att realisera sitt uppdrag genom att dagligen lägga stor vikt vid att sjunga och spela tillsammans i barngrupperna (Ehrlin 2012). Denna utgångspunkt har stöd i forskning som lyfter fram musik som kommunikation, men också forskning som uppmärksammar kopplingen mellan musik och språk.

Musikaliska upplevelser som att känna tempo, puls, klang och vibration kan beskrivas som språkliga uttryck som barn och vuxna kan dela redan före födelsen. Att medvetet ge det lilla barnet erfarenhet av olika klanger och rytmer stimulerar språkutvecklingen och ger barnet fler ljudbilder att använda som grund för den vidare utvecklingen av språket (Trehub 2003). Detta utbyte skapar också en kommunikativ gemenskap som stärker banden mellan barn och vuxen (Lind & Neuman 1981). Med utgångspunkt i en sådan kommunikativ syn på musik är det självklart att se sånger, inspelningar, ramsor och rörelselekar som redskap för kommunikation med andra (Bannan & Woodward 2009; Malloch & Trevarthen 2009).

Sånger, rim och ramsor kan, när barnet blir lite äldre, också tjäna som redskap för att uppfatta språkets uppbyggnad och melodi. Det är exempel på aktiviteter som kräver uppmärksamhet på olika språkljud och som därför kan stimulera den fonologiska medvetenheten, alltså förmågan att uppfatta språkljud. Denna förmåga har betydelse för språkutvecklingen och kan också främja barnets läsutveckling (Anvari m.fl. 2002; Goswami 2008). Forskning från olika länder visar att barn som har möjlighet att ta del i olika musikaktiviteter har ett bra stöd för att utveckla sin fonologiska medvetenhet. Genom att sjunga möter vi språkliga mönster, språkrytm och språkljud och får så en ljudande upplevelse av språket. I en italiensk studie Azzolin (2009) deltog två barngrupper, en grupp som följde ett musiklekprogram och en kontrollgrupp som inte gjorde det. Efter 20 veckor hade barnen i musikgruppen utvecklat sin fonologiska medvetenhet i större utsträckning än kontrollgruppen, något som visade sig genom testning av fonologisk medvetenhet. Att vara fonologiskt medveten handlar bland annat om att kunna hålla olika språkljud i minnet, vilket är betydelsefullt när man ska lära sig att läsa. Herrera m.fl. (2011) har i en studie av spansktalande barn visat att barn som stimulerades språkligt genom sång, rim och ramsor utvecklade sin förmåga att läsa snabbare än de som inte fått denna stimulans.

Sånger, rim och ramsor utgör också bra underlag för att gestalta och för-
klara betydelser av ord och begrepp (Benckert, Håland & Wallin 2008; Ehrlin
2012). Sångtexter blir då redskap för att utforska betydelsebärande enheter i
språket och det är inte ovanligt att barn kan sjunga mer komplicerade texter
än de kan ge uttryck för när de talar (Pound & Harrison 2003; Ehrlin 2012).
Texterna i sångerna blir förebilder av det talade språket och att delta i sång
gör det helt enkelt möjligt att använda ord och begrepp redan innan de fått en
mening och kan användas i det talade språket (Ehrlin 2012). Barn som får rika
möjligheter att delta i sång och spel i undervisningssammanhang har också
lättare för att tolka uppmaningar och mönster i verbal information. De har i
många fall även en bättre ordförståelse än barn som inte i samma utsträck-
ning tagit del i sådana aktiviteter (Piro & Ortiz 2009; Blank & Adamek 2010).

Musikförskolan Sångfågelns verksamhet

Förskolan Sångfågeln har alltså en musikprofil och ligger i ett bostadsområde
alldeles intill en park. I området finns mest flerfamiljshus men också en del
radhus. De flesta som bor i området runt förskolan är utrikesfödda eller
inrikesfödda med utrikesfödda föräldrar. På det 20-tal kommunala förskole-
enheter som finns i området är runt 80 olika språk representerade bland
barn och personal.

På Sångfågeln har varje avdelning på förskolan en tambur, två större
rum och några mindre, och som på de flesta förskolor har barnen tillgång
till olika leksaker som dockor, utklädningskläder, leksaksspis, järnväg i trä,
lego, dator, spel och pysselmaterial. Därtill finns även trummor och andra
rytminstrument, ett elpiano och en marimba som alltid är tillgängliga för
barnen att använda när de vill.

I stort sett samtliga barn på Sångfågeln är flerspråkiga, vilket gör att
förskolan har ett tydligt fokus på att stimulera barnens språkutveckling. På
Sångfågeln innebär det bland annat att förskollärarna är måna om att ha ett
tydligt talspråk när de samtalar med varandra och barnen. De är noga med
att benämna föremål och försöker att ha ett förhållningssätt som inbjuder
till dialog. Det talade språket uppmärksammas i alla aktiviteter och förskol-
lärarna uppmuntrar barnen att använda språket genom att samtala om vad
som sker och genom att ställa frågor till barnen. De är också angelägna om
att lyssna till det som barnen berättar genom att vänta in och låta barnen tala

till punkt. För några barn är språket mycket bristfälligt och samtal ställer därför höga krav på både personal och barn.

På Sångfågeln prioriterar förskollärarna även att dagligen sjunga och spela tillsammans med de olika barngrupperna. Förskolan utgår från en kommunikativ syn på musik och har bland annat inspirerats av Vesterlund (2003). Vesterlund har utarbetat ett arbetssätt där sång och spel på rytminstrument används som redskap för att stimulera flerspråkiga barns sociala och språkliga utveckling. Arbetssättet går ut på att barnen ska få möjlighet att uppleva rytm och klang genom rösten och kroppen. Rörelselekar med rytmer och ljud syftar till att göra barnen delaktiga i ett kommunikativt utbyte, ibland helt utan ord. Utgångspunkten är att kroppsspråket förstärker det verbala språket i sånger och musiklekar. Att sjunga, klappa takten, spela på handtrummor, tonboxar eller pinnar är därför lika naturligt som att rita, bygga med Lego, titta i böcker eller leka med något annat på förskolan Sångfågeln.

MUSIKAKTIVITETER SOM ALLA KAN TA DEL I

Det musikpedagogiska arbetssätt som förskolan Sångfågeln utgår ifrån är inte inriktat mot att öva på och framföra olika musikaliska produkter. Arbetssättet ställer inte några specifika krav på förskollärarnas musikaliska kompetens, utan det viktiga är att var och en sjunger, spelar och rör sig till musik tillsammans med barnen på det sätt man själv behärskar. Innan förskolan startade musikprofil, var inte alla förskollärare övertygade om att de hade tillräcklig musikalisk kompetens för ett arbetssätt med utgångspunkt i musik. Med tiden har emellertid samtliga förskollärare börjat se att de räcker till för uppdraget, och de har också erbjudits möjlighet att gå olika kurser i rytmik, sång och trumspel. Denna tidigare känsla av brist på kompetens påverkar dock fortfarande personalens sätt att beskriva musikverksamheten på förskolan. Något jag kommer tillbaka till längre fram.

På Sångfågeln förväntas inte heller barnen att sjunga eller spela på något förutbestämt sätt, men förskollärarna är noga med att barnen är delaktiga i musikaktiviteterna. Det kan de vara genom att sjunga, spela och/eller utföra rörelser. De gemensamma musikaktiviteterna syftar till att stärka barnens kommunikativa förmåga och genom att klappa takter, härma ljud och skicka ljudande meddelanden till varandra blir barnen del i ett musikaliskt kommunikativt utbyte, ibland helt utan ord. Det är tydligt att barnen inspireras av de musikaktiviteter de erbjuds att vara med i och det är vanligt att de sjunger sånger och leker musiklekar de mött på förskolan också i deras spontana lek.

MUSIK I DEN DAGLIGA VERKSAMHETEN

Dagarna på förskolan inleds alltid med en gemensam morgonsamling på respektive avdelning. Förskollärare och barn sätter sig i ring och börjar med att sjunga en "god morgon"-sång. Varje barn och vuxen hälsas välkommen, de samtalar om den kommande dagen och ett barn får i uppgift att räkna hur många som är där. Samlingen fortsätter sedan med fler sånger som ofta kombineras med rörelser. En av förskollärarna leder samlingen och barn och övriga vuxna förväntas delta i sånger, spel på rytminstrument och rörelser. Utöver morgonsamlingen erbjuds barnen också andra rörelse- och musik-samlingar under en vecka. På dessa samlingar möter de en aktiv repertoar av sånger och musiklekar som kan kopplas till den svenska musikförskole-kulturen men också andra sånger och annan musik. Det kan vara genom att musik från andra delar av världen spelas på cd-spelaren eller att de leker någon musiklek som inte tidigare varit traditionell i Sverige.

Musiksamlingarna innehåller även spel på rytminstrument och övningar där barnen härmar ljud av till exempel höga, låga, starka och svaga toner. Samlingarna är också uppbyggda kring musikaktiviteter där barnens moto-rik utmanas genom rörelser och rytmövningar. Det kan gå ut på att barnen ska härma rörelser eller att de uppmanas att hoppa, åla, smyga, gå på tå eller krypa under tiden musik spelas; när musiken tystnar ska de vara stilla och tysta. Personalen är mån om att barnen tar del i övningarna och att de är uppmärksamma på det som sker. Att något barn stör aktiviteterna är inte accepterat och musikleken fungerar på så sätt också som ett redskap för att skapa ordning. Sång och spel är dagliga inslag och både personal och barn är införstådda i vad som förväntas. De flesta upplevs roade av musikaktivi-teterna och det uppstår mycket sällan några problem under dessa samlingar. Det är inte heller så att något barn tvingas att vara med i musikleken, och om barnet inte vill delta får det helt enkelt göra något annat.

MUSIK SOM REDSKAP FÖR SPRÅKLIG OCH SOCIAL DELAKTIGHET

När nya sånger tas upp, illustreras de ofta med bilder och annat material. Ibland berättas innehållet i sången som en saga. Ord förklaras och förskollärare och barn gestaltar även innehållet med rörelser. Förskollärarna ser sångtexter som ett redskap för att befästa ord och begrepp och för att vidga barnens ordförråd. Texten i en sång blir en förebild av det talade språket. Ofta sjunger de en sång flera gånger vid samma tillfälle, och sånger återkommer också vid senare tillfällen, vilket gör att ord och meningar repeteras på ett naturligt sätt. Det talade språket stimuleras också när förskollärare och barn samtalar om vad sångerna handlar om. Barnen får ta del av en återkommande repertoar av sånger där de möter ord och begrepp som inte ingår i deras aktiva ordförråd. Genom att sjunga kan barnen också ta till sig språkliga mönster som meningsbyggnad, språkljud och språkrytm. Sångstrofer fastnar i minnet och uttalas, men måste också förklaras för att få en mening. Ord och meningar placeras därför in i ett sammanhang som ger stöd åt begreppsförståelsen. Ord som till en början endast nyttjas aktivt när barnen deltar i sångerna kan på så sätt med tiden även dyka upp i deras talade språk.

När barnen är delaktiga i gemensamma sånger, rytmikövningar och danslekar får de också träning i att följa instruktioner och blir uppmärksammade på sin egen betydelse i en grupp. Att ta del i olika musikaktiviteter handlar, som tidigare beskrivits, om att klara av att hålla sig inom givna ramar. Musiklekar och sånger har en given struktur som bestämmer vad som är möjligt, eller inte möjligt att göra. Övriga barn i gruppen och de givna strukturerna hjälper det enskilda barnet att anpassa sig och koncentrera sig i ett socialt sammanhang. Gemensamma musikaktiviteter ger också ett stöd för dem som är lite mer avvaktande och ger de yngre en möjlighet att ta del med stöd av de äldre barnen. Det enskilda barnet kan delta i gruppen utan press på att behöva prestera av egen kraft.

Sånger och musiklekar tvingas inte på barnen, men förskollärarna leder och uppmuntrar på ett sätt som inspirerar till delaktighet. Barnen förväntas att vara aktiva, att lyssna och att ta del i det man gör. Det huvudsakliga målet med musikleken är att barnen ska bli delaktiga i ett kommunikativt uttryck. Musiken är på så sätt ett redskap för att skapa social och språklig gemenskap. Genom att sjunga, rimma, klappa, dansa och röra sig till musik blir kommunikationen både verbal och kroppslig i ett gemensamt uttryck. För att vilja och våga kommunicera krävs dock att barnen känner trygghet och lust.

På Sångfågeln försöker förskollärarna att skapa en plattform av trygghet och glädje genom musikaktiviteterna. När barnen deltar i de gemensamma musikaktiviteterna, skapas en kommunikativ grund som kan leda vidare till att också det verbala språket kan stimuleras genom sångtexter och samtal om vad de gör.

Som vi kan se, betraktas musik först och främst som ett redskap för att stärka barnens språkliga och sociala utveckling, men musikaktiviteterna syftar alltså också till att barnen ska få emotionella upplevelser i musicerandet. Förskollärarna på Sångfågeln menar att sång och spel tillsammans med barnen skapar en atmosfär och en glädje på förskolan som inte går att åstadkomma genom någon annan aktivitet.

Är musik ett mål i sig eller ett redskap?

Förskollärarna på Sångfågeln beskriver att det är betydelsefullt att barnen får positiva upplevelser i det gemensamma musicerandet. Upplevelsen av att musiken är *ett mål* i sig trots att undervisningen ur ett didaktiskt perspektiv främst framträder som *ett redskap*. Utifrån en sådan målsättning kan undervisning i musik vara inriktad mot att till exempel stimulera verbal- och skriftspråkligt lärande samtidigt som den är inriktad mot barns musikaliska utveckling (Dahlbäck 2011). Att sjunga och spela tillsammans kan därtill betraktas som tillfällen då barn kan få erfara och uppleva gemenskap i ett levande sammanhang (Sandberg 2006) där de kan tillägna sig olika kompetenser och kunskaper som de sedan kan ha nytta av också i andra situationer (Ehrlin 2012).

Lpfö 98, 2010, betonar att metod och innehåll ska vara nära sammankopplade i förskolans verksamhet. Att lära *genom* att delta i olika aktiviteter ska vara en lika självklar utgångspunkt som att lära *om* något.

> Att skapa och kommunicera med hjälp av olika uttrycksformer, såsom sång och musik, drama, rytmik, dans och rörelse liksom med hjälp av tal- och skriftspråk utgör både innehåll och metod i förskolans strävan att främja barns utveckling och lärande.
>
> LPFÖ 98, 2010 S. 7

Att ta utgångspunkt i en kommunikativ syn på musik, som tidigare beskrivits, kan säkert uppfattas som en självklarhet för många som arbetar inom förskolan. Sånger och ramsor används ofta som redskap för att skapa gemenskap eller för att träna språket och motoriska färdigheter inom förskolans praktik (Tallberg-Broman 1995; Rubinstein-Reich 1993). Det finns emellertid de som också framhåller att musik och andra estetiska uttryck på ett tydligare sätt bör få utrymme i förskolan och skolan med en mer uttalad målsättning att barn ska ges möjlighet att utveckla till exempel sin musikalitet (Lindeman 2005; Pramling-Samuelsson m.fl. 2008; Creech & Ellison 2010). Dessa forskare menar att musiken annars bara får legitimitet som ett redskap för utveckling av andra förmågor. Det är en utgångspunkt som försvagar musikens position inom förskolan och skolans verksamhet samt barnens kontakt och utvecklande av djupkunskaper inom musikskapande.

När förskollärarna på Sångfågelns förskola beskriver arbetet med musik i verksamheten framstår inte barnens musikaliska utveckling som lika betydelsefull som språkutveckling och social utveckling. Personalen sätter inte ord på att det de gör också skapar möjlighet att utvecklas musikaliskt. Lärandet i musik som ett mål i sig kommer helt enkelt i bakgrunden när personalen talar om verksamheten ur ett didaktiskt perspektiv. I förskolans verksamhetsplan och i personalens planering och genomförande finns dock ett fokus på musiken i sig. Trots att musiken har en viktig funktion för sin egen skull, och att arbetet mycket tydligt är inriktat mot att erbjuda barnen musikaliska upplevelser, omnämns alltså inte denna dimension i det som utgör musikalisk kunskap. Att undervisningen också innehåller moment där barnen uppmärksammas på olika fenomen i musiken, till exempel skillnaden mellan höga och låga toner, vilket även det är viktig musikalisk kunskap, framträder alltså inte som ett moment som är betydelsefullt att tala om ur ett musikdidaktiskt perspektiv.

Avslutning

Förskollärarna på Sångfågeln tycks inte fullt ut ha tagit till sig att den undervisning de faktiskt genomför också har betydelse för barnens musikaliska och estetiska lärande. Trots att förskollärarna har musikalisk kompetens för sitt uppdrag bär de på en föreställning om att det de gör kanske inte skulle erkännas om det granskades av till exempel lärare med högskoleutbildning inom musik. De är däremot övertygade om att de genom musik arbetar med barnens språkliga och sociala utveckling på ett mycket kompetent sätt.

Det är ganska vanligt att undervisning i musik kopplas samman med en föreställning om att det bara är den som är född musikalisk eller som utbildat sig inom musik som är kompetent nog till att undervisa i musik på ett kvalificerat sätt. Musikalitet kopplas då samman med instrumental skicklighet och konstnärligt hantverk, något många förskollärare upplever att de saknar (Seddon & Biasutti 2008; Young 2009).

Sådana föreställningar kan alltså leda till att betydelsen av musik i sig inte framträder särskilt tydligt när musikaliskt kompetenta lärare inom förskola och skola talar om sin verksamhet. Musiken blir då i stället synlig som *ett redskap* för något annat. Detta skulle kunna förändras om fler lärare började lita till och började samtala med varandra om att de musikaktiviteter som de erbjuder också har betydelse för barns musikaliska utveckling. Poängen med en sådan förändrad beskrivning skulle utåt sett stärka musikens plats i förskolan och skolan och tydligare visa på måluppfyllelsen i det som görs. När talet om musik främst beskriver musik som ett redskap visar det på hur verksamheten möjliggör lärande *genom* musik. Läroplanens mål att lära *om* musik hamnar då i bakgrunden. En beskrivning av verksamheten som även lyfter fram den musikaliska dimensionen i arbetet, visar på ett tydligare sätt hur läroplanens mål att lära både *genom* och *om* har realiserats. En sådan förändrad beskrivning kan säkert också utveckla själva musikundervisningen och öka den didaktiska medvetenheten om varför den är betydelsefull.

Förslag på frågor som kan tas som utgångspunkt för en diskussion om vilken funktion musiken har i verksamheten kan vara:

* När sjunger och spelar vi?
* Vad är målsättningen med musikaktiviteterna?
* Vad krävs för att samtliga i personalen ska kunna ta ansvar för musik-aktiviteter i verksamheten?
* Vad är det i musikaktiviteterna som är unikt?
* Vad behöver vi lyfta fram i musikaktiviteterna för att uppfylla målet om lärande både *om* och *genom* musik?
* Vad är det vi gör som kan beskrivas som lärande *om* respektive *genom* musik?

Litteratur

Anvari, S. H., Trainor, L. J., Woodside, J. & Levy, B. A. (2002). Relations among musical skills, phonological processing, and early reading ability in pre-school children. *Journal of Experimental Child Psychology*, 83, s. 111–130.

Azzolin, S. (2009). The sound of the alphabet: teaching literacy through music. I: A. R. Addessi & S. Young (red.) *MERYC 2009: proceedings of the European network of music educators and researchers of young children*. Bologna (Italien), 22–25 juli 2009. Bologna: Bologna University Press.

Bannan, N. & Woodward, S. (2009). Spontaneity in the musicality and music learning of children. I: S. Mall & C. Trevarthen (red.) *Communicative musicality: exploring the basis of human companionship*. New York: Oxford University Press.

Benckert, S., Håland, P. & Wallin, K. (2008). *Flerspråkighet i förskolan: ett referens- och metodmaterial*. Stockholm: Myndigheten för skolutveckling.

Blank, T. & Adamek, K. (2010). *Singen in der Kindheit*. Münster: Waxmann Verlag.

Creech, A. & Ellison, J. (2010). Music in the early years. I: S. Hallam & A. Creech (2010). *Music education in the 21st century in the United Kingdom: achievements, analysis and aspirations*. London: Institute of Education, University of London.

Dahlbäck, K. (2011). *Musik och språk i samverkan: en aktionsforskningsstudie i åk 1*. Göteborg: Högskolan för scen och musik, Konstnärliga fakulteten Göteborgs universitet.

Ehrlin, A. (2012). *Att lära av och med varandra: en etnografisk studie av musik i förskolan i en flerspråkig miljö*. Örebro: Örebro Studies in Music Education.

Goswami, U. & Bryant, P. (1990). *Phonological skills and learning to read*. Hove: Lawrence Erlbaum associates Ltd.

Goswami, U. (2008). *Cognitive development: the learning brain*. New York: Psychology Press.

Herrera, L., Lorenzo, O., Defior, S., Fernandez-Smith, G. & Costa-Giomi, E. (2011). Effects of phonological and musical training on the reading readiness of native- and foreign-Spanish-speaking children. *Psychology of Music*, 39, s. 68–81.

Lind, J. & Neuman, S. (1981). *Musik i livets början*. Stockholm: Akademilitteratur.

Lindeman, C. A. (red.) (2005). Why music?: essays on the importance of music education and advocacy. *International Journal of Music Education*, 23 (2), s. 91–184. Sage.

Malloch, S. & Trevarthen, C. (red.) (2009).*Communicative musicality: exploring the basis of human companionship*. New York: Oxford University Press.

Piro, J. M. & Ortiz, C. (2009). The effect of piano lessons on the vocabulary and verbal sequencing skills of primary grade students. *Psychology of Music*, 37, s. 325–447.

Pound, L. & Harrison, C. (2003). *Supporting musical development in the early years*. New York: Open University Press.

Pramling-Samuelsson, I., Asplund-Carlsson, M., Olsson, B., Pramling, N. & Wallerstedt, C. (2008). *Konsten att lära barn estetik.* Stockholm: Norstedts akademiska förlag (ingår numera i Studentlitteraturs utgivning).

Rubinstein-Reich, L. (1993). *Samling i förskolan.* Avhandling, Stockholm: Almqvist & Wiksell.

Sandberg, R. (2006). Skolan som kulturell mötesplats. I: U. P. Lundgren (2006). *Uttryck, intryck, avtryck: lärande, estetiska uttrycksformer och forskning.* Stockholm: Vetenskapsrådet.

Seddon, F. & Biasutti, M. (2008). Non-music specialist trainee primary school teachers' confidence in teaching music in the classroom. *Music Education Research* 2008, 10 (3), s. 403–421.

Skolverket. (2010). *Lpfö 98.* Stockholm: Skolverket.

Tallberg Broman, I. (1995). *Perspektiv på förskolans historia.* Lund: Studentlitteratur.

Trehub, S. (2003). The developmental origins of musicality. *Nature Neuroscience,* 6 (7), s. 669–673.

Vallberg-Roth, A-C. (2001). Läroplaner för de yngre barnen: utveckling från 1800-talets mitt till i dag. *Pedagogisk forskning i Sverige* 2001, 6 (4), s. 241–269.

Vesterlund, M. (2003). *Musikspråka i förskolan: med musik, rytmik och rörelse.* Stockholm: Runa förlag.

Young, S. (2009). *Music 3–5.* New York: Routledge.

KAPITEL 8

Aktörskap i musikstunden

YLVA HOLMBERG

I förskolans verksamhet är musikstunder, en stund med musik, vanligt förekommande. Ofta har förskollärare fokuserat själva görandet, aktiviteten som en metodstatus, att sjunga en sång, att röra sig till musik eller att spela instrument. I en didaktisk trekantsrelation mellan barn, förskollärare och innehåll har intresset i detta kapitel varken varit innehåll eller metod, utan musikstundens aktörer. Kapitlet handlar om hur aktörskap i musikstunder rör sig mellan barnen, förskollärarna och musiken.

Nedslag i forskningsfältet

Musik har i förskolan en historisk förankring. Över tid tycks den ha legitimerats på olika sätt: musik som uppfostringsmedel, musik som kommunikation, musik som lärande och musik som barnets rätt (Holmberg 2014).

Musik som uppfostringsmedel var tydligt i systrarna Ellen och Maria Mobergs sångsamlingar, vilka gavs ut 1913 och 1923 (Vallberg-Roth 2001; Tallberg Broman 1995). I förordet till *Sånger för barnträdgården och småskolan* framförs att innehållet "skulle ligga inom barnets nära värld, såsom mors arbete i hemmet, bonden på åkern" (Vallberg Roth 2013 s. 64). År 1926 tog Fröbel upp betydelsen av hörselsinnets fostran och sång i samband med lek. I leken var sång och ljudhärmning till rörelse central, den kunde dels improviseras, dels bestå av folkliga visor (Uddén 2001). Efter att musiken legitimerats som uppfostringsmedel försköts legitimeringen till *musik som kommunikation*. Med Socialstyrelsens förslag (1983) tog en diskussion om begreppen musik kontra ljud fart. Musiken blir under 1960- och 70-talen inom förskoleverksamhet allt mer ett upplevelseområde (SOU 1972:26) och förändras därmed från att tidigare ha ansetts spela en viktig roll för barnets allmänna utveckling

(Musikutbildningskommittén 1968). Från att musiken varit i fokus i val av arbetssätt, blev barnens initiativ och spontana ljudskapande i centrum, vilket ledde till att en "experimenterande ljudverksamhet" växte fram (Uddén 2001 s. 41). Med musik som ett sätt att kommunicera snarare än som en konstform försvinner den estetiska stämpeln och därmed också de musikaliska kraven på förskollärarna. Så småningom legitimeras *musik som lärande*, och begreppet lärandeobjekt i relation till musik introduceras. Kombinationen lärande och estetik menar Maj Asplund Carlsson (2008) är en ovanlig konstellation. Det estetiska området ska enligt Lpfö 98, 2010, vara både metod och innehåll, men de estetiska ämnena får snarare en funktion som metod än innehåll, kanske till och med "metoder utan innehåll" (Pramling Samuelsson m.fl. 2011). Den senaste legitimeringen menar jag är *musik som barnens rätt*. I förslag till förtydligande av Läroplan för förskolan (Skolverket 2010), legitimeras musiken genom att knytas till *FN:s barnkonvention*. Där slår man fast barns rätt till skapande och att delta i det kulturella och konstnärliga livet (FN:s konvention om barns rättigheter, artikel 31). Olika uppfattningar om musikens mening och funktion i förskolan verkar alltså ta oss från en diskussion om moral till en diskussion om rättighet. I relation till musik som något barn har rätt till är det också intressant att det i en komparativ analys av nordiska riktlinjer för förskola framgår att innehållsområden som språk och matematik kan tolkas ha blivit förstärkta samtidigt som det finns tecken på att kultur och kreativitet till viss del försvagats (Vallberg Roth 2013).

Med ett nordiskt fokus har en del studier genomförts kring musik och de yngre barnen (1–7 år). Det handlar till exempel om barns spontansång (Bjørkvold 1985), barns musikaliska utveckling (Sundin 1995), musisk pedagogik (Uddén 2001), yngre barns meningsskapande och deltagarstrategier i musikundervisning (Holgersen 2002), lärares lärande i samband med estetik som lärandeobjekt (Asplund Carlsson, Pramling & Pramling Samuelsson 2008) och vad som för yngre barn är kritiskt för att lära sig urskilja taktart i musik (Wallerstedt 2010). Utifrån barnens sångtexter, melodier i barnens sånger, musikens grundelement och användande av instrumentspel har Johanna Still (2011) skrivit om planerade musikaktiviteter i en musikaliskt lärande miljö med barn 1–3 år gamla. Anna Ehrlin (2012) har skrivit om det stora inflytande som föreståndare på förskolor med musikprofil har över förskollärarnas didaktiska val. Ingen av nämnda studier fokuserar dock ett aktörskapsperspektiv i samband med musik och förskoleverksamhet.

Ur ett didaktiskt perspektiv kan musikstunderna synliggöras med hjälp av vad-, hur- och vem-frågor (Nielsen 2006). Musikstunderna, som jag haft privilegiet att gästa, kan ur ett vad-perspektiv sägas möjliggöra lärande utifrån i (lärande till musik), om (tal om musik), med (musik som medel för lärande i något annat) och genom (ett undersökande arbetssätt, som också genererar nya frågor) musik (Lindström 2002; Holmberg 2012b). Om fokus flyttas till ett hur-perspektiv, består musikstunderna till största delen av tre aktiviteter, nämligen sång, instrumentspel och dans (Young 2009; Holmberg 2012a). I kombination med form kan det sägas att sången främst är av reproducerande karaktär, instrumentspelet främst av undersökande/improviserande karaktär och att rörelsen är av såväl reproducerande som improviserande karaktär (Holmberg 2012a). I denna kontext med fokus på musikstundens vad och hur, menar jag att det också blir intressant att ta upp den didaktiska vem-aspekten. Vem i form av aktörer som barn och förskollärare, men också ett utvidgat vem som relaterar till vilka, i detta fall musiken. Med en utgångspunkt i musikstundens aktörer behandlar detta kapitel ett differentierat aktörskap och rörelsen mellan aktörer och aktörskap. För att kunna skriva om aktörskap behövs först en kort presentation av musikstunden sett som ett nätverk.

Musikstundens aktörer

I detta kapitel vill jag lyfta fram aktörerna i musikrelaterade processer (musikstunden) och ser då Christoffer Smalls (1998) sätt att se på musik som en resurs. Han har skrivit om substantivet musik till ett verb, *musicking*, där fokus ligger på relationen dels mellan aktörerna, dels mellan aktörerna och musiken. Det är alltså snarare de musikande människorna som är av intresse än musiken i sig själv. Genom sina förmågor att påverka, menar jag att såväl barn och förskollärare som musik kan tillskrivas aktörskap. Musiken kan ju inte ha intentionalitet, men musiken kan tala till oss, den kan påverka och förändra oss. Small delar in de som deltar i olika grupper utifrån utförare och lyssnare. Under en musikstund i förskolekontext är det dock inte alltid möjligt att tänka utifrån utförare och lyssnare, de flesta gör både och. I musikstundernas musicking-kontext använder jag mig i stället av spelare. En spelare skapas i spel och nätverk med andra aktörer, deras handlingar och intresse. Inom musikstunderna finns olika typer av spelare, alla med aktörskap, som gör något, ibland skillnad. Spelarnas handlingar (i detta sammanhang musikrelaterade) utgör en länk i analysen, vilket gör att kedjan av sammankopplingar, snarare än någon form av orsak-verkan lyfts fram.

Längre fram i texten kommer det att visa sig att det under en musikstund finns många olika typer av spelare, så som igång-, med-, sam- och motspelare. *Igångspelaren* kan ses som en solist som tar initiativ till aktörskap, och som med aktörskapet förändrar innehåll och form i musikstunden. *Medspelaren* kan liknas vid en mellanhand, den finns med under musikstunden men som en transportör. Den tar inga direkta initiativ och förändrar varken innehåll eller form. *Samspelaren* däremot kan sägas följa upp och utveckla igångspelarens initiativ. I musikstunderna som observerats är en stor del barn medspelare, men eftersom de varken förändrar innehåll eller form får de i detta kapitel ingen egen delrubrik. Sist men inte minst har motspelaren identifierats. *Motspelaren* kan ses som en som inte vill och som på olika sätt gör motstånd. Det finns musikstunder där alla spelarna kan ses vara med och spela tillsammans. Men det tycks också finnas musikstunder där de inte spelar tillsammans, utan genom sina motspel snarare befinner sig i dissonans.

Ett av kapitlets huvudbegrepp är musikstund, vilket är ett begrepp som inte definieras i någon läroplan. Med musikstund menar jag stunder där musiken spelar en central roll. Definitionen av begreppet musikstunder kan naturligtvis problematiseras. Då förskollärarna bjudit in mig när de anser sig ha en musikstund arbetar jag utifrån en empirisk och performativ definition. Förskollärarna kan sägas definiera musikstund utifrån sina ramar genom att tillsammans med barnen göra musikstund vid mina besök. Initiativet till stunderna kommer ibland från barnen, men till övervägande del från förskollärarna.

Att studera musikstunder

För min avhandling *Musikskap – musikstunders didaktik i förskolepraktiker* (Holmberg 2014) har jag under ett halvår filmat musikstunder på tre förskolor i Malmö: Havsvågen, Solstrålen och Trädet. Detta resulterade i 46 videofilmade musikstunder, vilka ligger till grund för analysen i avhandlingen, där ett kapitel kretsar kring aktörskap i musikstunden. I detta kapitel har jag gjort ett urval av exempel för att följa och spåra musikstundens olika spelare. Såväl förskolornas som lärarnas och barnens namn är fingerade.

Musikstunders spelare

Utifrån musikstundernas olika former av aktörskap menar jag alltså att vi kan finna olika spelare: igång-, sam- och motspelare.

BARNEN SOM IGÅNGSPELARE

Barnens aktörskap kretsar kring deras medverkan, med andra ord huruvida de vill vara med eller inte, men det kretsar också kring musikstundens innehåll och form. Barnen på de tre förskolorna får ofta en valmöjlighet innan musikstunden börjar huruvida de vill *vara med eller inte*. Ibland händer dock saker under musikstunden som leder till att planen måste frångås. På förskolan Solstrålen sjunger de vid ett tillfälle sången "Gubben i lådan". Ett barn sitter i en låda med en filt över sig och när versen är slut förväntas barnet komma upp ur lådan. Flera barn har redan gjort det och det börjar dra ut på tiden. Några barn börjar tröttna och småpratar mest hela tiden. När de sjungit om Samuel, funderar förskolläraren Lilian hur hon ska gå vidare:

1. LILIAN: Orkar vi någon till? Ska vi se, vi har Teo, det är Teos tur.

Barnen börjar prata lite med varandra.

2. LILIAN: Hur många vill vara i lådan? Hanana vill, vill du Ottilia?

Först nekar Ottilia med en huvudrörelse, men ångrar sig, nickar med huvudet och räcker upp handen. Gunilla frågar ytterligare en flicka om hon vill vara i lådan, men hon nekar också med huvudet.

Barnens aktörskap som igångspelare rör huruvida de vill vara i lådan eller inte (tur 2). Senare under musikstunden har en annan pojke klivit ner i lådan i väntan på att det ska sjungas för honom:

1. LILIAN: Vi ska sjunga för dig, jag ska bara ta ut dem som inte orkar mer. De får göra något annat. Samuel, vad vill du göra? Ni får gå ut där och leka förresten, vi har inte så mycket att välja på, kom jag på. Ni får gå ut ni som inte orkar mer. Ni som vi inte har sjungit för, ni får stanna.

Kvar är pojken som ligger i lådan, och två av de tre flickor som också ville ligga i lådan.

Förskolläraren erbjuder här barnen aktörskap när det gäller huruvida de vill stanna medan det sjungs för alla eller inte. Även om avgörandet för huruvida barnen vill vara i lådan kan tyckas ligga i ett samspel mellan barnet och Lilian, kan det också tolkas som att den något stökiga gruppen, där allt fler snarare intar motspelande än samspelande aktörskap, kan påverka beslutet. Kanske är det ur barnens perspektiv inte så intressant att ligga i lådan om de flesta verkar vilja gå därifrån. Det skulle innebära att även om barnet ur förskollärarens perspektiv erbjuds aktörskap som igångspelare, är barnets valmöjlighet i realiteten påverkat och förminskat av barngruppen, medspelarna runt om. Senare under musikstunden handlar barnens aktörskap om huruvida de vill stanna kvar i rummet eller inte. Ett utrymme som dels ur förskollärarens perspektiv kan handla om att denna har svårt att fånga barnen under en längre tid, dels att förskolläraren Lilian uppfattar det som viktigare med lugn och trevlig stämning i rummet än att alla är med och sjunger för varandra. Det kan också tolkas som att musiken i sig själv inte har kraft nog att hålla alla intresserade under så lång tid som sången tar att göra med många barn.

Barnens aktörskap som igångspelare när det gäller *innehåll* handlar om att välja: välja sång, rörelse, inspelad musik och instrument. Igångspelande när det gäller *form* handlar om hur det ska spelas eller dansas. På förskolan Trädet får barnen möjlighet att vara igångspelare när det gäller såväl innehåll som form. Barnen har var sitt instrument och förskolläraren Karolin spelar och sjunger flera verser av en sång "Nu ska vi spela, spela, spela" och barnen, i detta fall en flicka som heter Besarta, agerar ofta igångspelare:

1. KAROLIN: Vad ska vi göra nu?
2. BESARTA: Springa.

De sjunger och springer sången.

3. KAROLIN: Kan vi hoppa, tror ni?
4. FLERA BARN: Ja.

De sjunger och hoppar sången.

5. KAROLIN: Vad ska vi göra nu?
6. BESARTA: Gå upp.

De sjunger och går sången.

7. KAROLIN: Nu ska vi sitta och spela.

De sjunger sången och sitter ner.

I ovanstående exempel visas hur barnen som igångspelare påverkar såväl innehållet (vad de ska göra till varje vers) som formen (hur de ska göra). Karolin har således bestämt vilken sång som ska sjungas, men inom sången finns utrymme för barnens igångspelande aktörskap.

FÖRSKOLLÄRARNA SOM IGÅNGSPELARE

Förskollärarnas igångspelande aktörskap handlar om musikstundens innehåll och form. När det gäller aktörskap i urvalet av musikstunders *innehåll* talar förskollärarna i termer av igenkänningsfaktor. Det vill säga barnen känner redan till sången, traditionen, vilket främst kopplas samman med Lucia, och sist men inte minst har egna preferenser, vilket lyfts fram när de lyssnar på inspelad musik.

När det gäller igångspelande aktörskap i samband med musikstundens *form*, handlar det ur lärarnas perspektiv främst om att, som förskollärarna själva uttrycker det, "fånga barnen", vilket kanske kan förstås som att de vill fascinera dem. För att "fånga barnen" har förskollärarna, främst på förskolan Trädet, utvecklat strategier som kretsar kring att variera musikstunden, att uppmuntra och att lotsa. Att variera musikstunden handlar om att variera kompsättet, göra tonartshöjning, byta instrument och att arbeta med dynamik, rörelse, bilder, att förändra text och att leka. Uppmuntran är ett annat sätt att "fånga":

> Lilian: Nu går vi vidare, och då är det sockerbagaren först. Och det är ni också jättebra på! Oj,oj,oj.

Med sina ord "Det är ni också jättebra på", arbetar Lilian med uppmuntran. Ett tredje sätt att "fånga" barnen är lotsning:

1. KAROLIN: Kommer ni ihåg hur den börjar? Ute är mörkt och ...
2. KATRINE: kallt
3. KAROLIN: Men inne är det
4. KATRINE: varmt

5. KAROLIN: Lyser de tända ljusen. Då kommer någon där, jag vet nog vem det är. Vem är det?
6. KATRINE: Sankta Lucia
7. KAROLIN: Ska vi ha den bilden också så vi kommer ihåg att ute är det mörkt och kallt?

Tillsammans sjunger de "Ute är mörkt och kallt". Karolin tar det långsamt, så att barnen ska hinna tänka på texten och hon själv hinna peka på bilderna.

I exemplet visas hur Karolin genom frågor och lotsning försöker hjälpa barnen att komma ihåg den delvis nya sångtexten samtidigt som hon "fångar" dem.

MUSIKEN SOM IGÅNGSPELARE

Musiken kan i detta sammanhang ses ha egen kraft att påverka musik-stunden. Musikens kraft kan både fånga barnen och forma musikstunden. Under en musikstund på förskolan Havsvågen har barn och förskollärare sjungit några Luciasånger och kommit fram till "En sockerbagare". För-skolläraren Kerstin väljer att spela ett lite rockigt komp på gitarren, som i sången leder till en rytmmässig förskjutning och en del pauseringar. Musi-ken bjuder barnen på rytmiska utmaningar och Kerstin sjunger vidare som en tydlig förebild. Det intressanta i denna sekvens är hur de två pojkar som under musikstunden så här långt valt att inte sjunga med aktivt utan i stället ligga ner på golvet och agera motspelare, nu sätter sig upp och med de rytmiska utmaningarna genom hela sin kroppsrörelse kan tolkas bli "fångade" och i sammanhanget genom sitt luftgitarrspel blir medspelare snarare än motspelare. Musiken kan i sitt aktörskap tolkas ge kraft att "fånga" barnen.

Musiken har också kraft att forma musikstunden. På förskolan Trädet har ett barn valt att de ska sjunga "Bä, bä, vita lamm". Beroende på bä-bä-sångens version förändras musikstunden. Den traditionella "Bä, bä, vita lamm" skulle kanske lett till att barnen satt och sjöng, medan "dans-bä-bä" bjuder in till något annat. Förskolläraren Mats agerar igångspelare och låter barnen sam-spela genom att välja bä-bä-variant, de väljer "dans-bä-bä".

Mats spelar och sjunger "dans-bä-bä". Pojkarna dansar runt och håller varandra i händerna. Flickorna dansar runt, runt på mattan i samspel, men utan att hålla varandra i händerna. Efter en stund startar pojkarna en liten brottningsmatch. I slutet ramlar Vera.

1. MATS: Oj, hur gick det Vera? Du dansade inte, du sprang ju bara runt.
2. VERA: Ja, men jag vill ha den en gång till.
3. MATS: Ja, men hur dansar man då? Hur ska vi dansa?
4. NATALIE OCH VERA: Så!

Flickorna visar lite på golvet.

5. MATS: Så, är det rätt? Är ni med och dansar?

Mats börjar spela visan igen och John och Olle ställer sig upp och dansar. Mitt i avbryter Mats sången.

6. MATS: Nä, nu brottas ni bara, det är inte riktigt samma sak som dans. Man kan kramas när man dansar. Olle, John vill dansa själv. Hur kan man göra när man dansar själv?
7. VERA: Så.

Vera dansar med lite långsamma rörelser hur det kan se ut.

8. MATS: Ska vi dansa långsamt?

Mats börjar spela långsamt och svagt.

9. BESARTA: Nä, en snabb!

Mats ändrar till en snabb och ganska stark variant av "dans-bä-bä".

Det kan tolkas som att versionen av sång, "dans-bä-bä", bjuder in till dansaktivitet, och att musikens aktörskap är som samspelare till Natalie. "Dansbä-bä" öppnar i detta sammanhang upp för stim (tur 1), och Mats försöker, med inspiration från Veras lugnare dansrörelser (tur 7), få en lugnare aktivitet i rummet (tur 8). Besarta vill dock ha en snabb och intensiv variant (tur 9), vilket Mats genom sitt spelande ger henne. Musiken har alltså i sig själv kraft att forma musikstunden.

AKTÖRSKAP I FORM AV SAMSPELANDE

Samspelarna är centrala i musikstunder där ingen direkt igångspelare kan urskiljas. En musikstund på förskolan Trädet börjar i ett samspel mellan förskollärare Mats och två pojkar:

> *Två pojkar klättrar upp för de två trappstegen som finns i rummet och hoppar ner. Mats sätter sig vid pianot och gestaltar deras rörelse med pianospel. Han drillar när de går upp och hoppar på tangenterna när de hoppar ner för trappan.*

Det kan tolkas som att Mats med sitt samspel inviterade till fortsatt samspel. Det går inte att utläsa någon specifik igångspelare eftersom pojkarna började hoppa samtidigt som Mats började spela. Mats gestaltar pojkarnas rörelse i form av toner och pojkarna samspelar genom att upprepa sin rörelsefigur. En inbjudan som "drar" pojkarna upp i famnen på Mats och öppnar upp för fortsatt intresse och spel på pianot en stund. I musikstunder med många samspelare kan till och med handlingen eller aktionen tas över av barnen. Vid en musikstund på Trädet har barnen precis kommit tillbaka efter juluppehållet och stunden styrs av en förskollärare som har en handdocka, ett litet låtsasmonster. Vid tre tillfällen tar barnen över handlingen i rummet genom att när de listat ut vilken sång som ska sjungas helt enkelt börja sjunga. Vid första tillfället som detta händer avbryter förskolläraren Daniel barnen:

> *Barnen börjar direkt sjunga "Bä, bä, vita lamm", vilket gör förskollärarna lite förvånade. Efter en liten stund bryter de tillsammans barnen.*
>
> 1. MONSTER: Alla måste vara med och sjunga.
> 2. DANIEL: Ett två, tre, fyr.

De börjar sjunga sången tillsammans en gång till. Vid en annan sång händer samma sak, barnen börjar sjunga så fort de listat ut sången:

> 1. MONSTER: Bravooo! Tänk att ni är så duktiga på att sjunga. Kan ni sjunga 'Lille katt'?
>
> *Barnen börjar direkt sjunga "Lille katt".*

2. MONSTER: Nä, alla samtidigt.

Men barnen sjunger glatt vidare och förskollärarna får hänga med.

Vid detta tillfälle bryr sig helt enkelt inte barnen om förskollärarna som egentligen vill att alla börjar samtidigt, utan de sjunger glatt vidare. Vid en tredje sång under samma musikstund rättar i stället förskollärarna in sig efter barnen:

1. MONSTER: Vet ni vad? Vet ni vad min favoritsång är?

Något barn svarar, men det går inte att höra vad.

2. MONSTER: Nä, 'Atte, katte, noa'. Kan ni den? Upp och stå.

Barn och förskollärare ställer sig upp, och barnen börjar själva sjunga. Mats rättar dock in sången med ett tydligt gitarrspel och sin egen sångröst.

Barnen kan tolkas ta över händelseförloppet och startar själva sångerna, medan förskollärarna får rätta in sig och spela med.

AKTÖRSKAP I FORM AV MOTSPELANDE

Under en musikstund kan det också uppfattas som om alla spelare är där, men att de inte spelar tillsammans, att det finns dissonanser, motspelare som gör motstånd. Dissonansen kan förflyttas mellan barn–förskollärare, musik–förskollärare och barn–musik. Variation i dissonans kan också uppstå inom samma musikstund. Pojkarna på förskolan Havsvågen har under en längre stund lekt Michael Jackson. Flickan Ester har tagit med sig en skiva hemifrån och förskolläraren Kerstin bryter pojkarnas lek för att de tillsammans ska lyssna på Esters skiva. Pojkarna stannar vid ena delen av rummet, sitter och står lite olika, och de två flickorna, Ester och Merriam, står bredvid Kerstin och cd-spelaren.

1. KERSTIN: Nu är det Esters skiva.
2. FELIX: Den är jättetråkig.
3. KERSTIN: Lyssnar alla nu då?

Felix är negativ till Esters skiva. Kerstin hinner bara börja spela den när Felix första kommentar (tur 2) kommer, och hon väljer att inte besvara den genom en fråga och fortsätter att spela musiken. Redan här kan Felix beskrivas som motspelare som befinner sig i dissonans med såväl Kerstin som musiken. Den första låten byts ut till "Bä, bä, vita lamm".

1. FELIX: Den var tråkig.
2. KERSTIN: Vill ni höra den?
3. FELIX: Nää.

Felix kommenterar den, och det kan tolkas som att han fortfarande inte blir "fångad" av musiken och dissonansen växer mellan Felix och musiken. Kerstin spelar efter ytterligare några sånger bland annat "Trollmors vaggsång".

1. KERSTIN: Nä, men nu är det dags att sova. Nu får vi lägga oss på mattan och sova. Ni blir som Törnrosa, alla somnar överallt. Oj, oj, oj.

Merriam drar sig bort till soffan. Hon ställer sig vid sidan. Ingen lägger sig ner. De sitter kvar på sina platser i soffan.

2. KERSTIN: Och nu sover allihop, nu sover vi.

Kerstin stänger av musiken.

3. KERSTIN: Nu vaknar de snart, nu ska vi se om de vaknar.

Kerstin byter skiva till Michael Jackson, "Just beat it". Fyra av pojkarna hoppar direkt ner från soffan och hämtar sina gitarrer.

Kerstin kan tolkas göra ett sista försök att "fånga" barnen med musiken. Barnen, vilka agerar medspelare, gör inget motstånd, men samspelar inte heller. Meriam, som är inne på att samspela, drar sig bort till pojkarna och börjar lägga sig ner, då noterar hon att ingen annan gör det, och hon väljer att stå kvar. Det kan tolkas som att Meriam är villig att låta sig "fångas", men är också medveten om gruppen, och att de andra barnens aktörskap är något som hon av barnen förväntas följa. Från att ha varit samspelare, intar hon rollen som medspelare. En form av dissonans mellan Kerstin som ber barnen att ligga ner och barnen som inte lägger sig uppstår. Kerstin väljer att tona ner Esters musik och åter sätta på Michael Jackson till pojkarnas förtjusning. De hoppar ner från soffan och samspelet dem emellan kommer igång genom att de återvänder till den lek som de lekte innan Kerstin kom med Esters skiva. Det kan tolkas som att musiken med sin kraft "fångar" pojkarna igen. Dissonansen under musikstunden skiftar från att till en början varit mellan barn och lärare till att bli mellan barn och musik. I detta sammanhang skulle musikens kraft kunna sägas vara avgörande för Felix val av spelare. Aktörskapet kan under musikstunden beskrivas som en rörelse. Kerstin som igångspelare bryter pojkarna till förmån för Esters musik. Felix som motspelare låter sig inte "fångas". De andra barnen i rummet agerar medspelare. Ester, som senare agerar samspelare genom att gå bort till pojkarna i rummet, ångrar sig och blir medspelare. Och Kerstin intar åter mot slutet en igångspelande roll och avslutar stunden.

Avslutning

När musikstunden ses som ett nätverk av aktörer är det också möjligt att spåra aktörerna eller spelarna, alltså barnen, förskollärarna och musiken. Inte bara som spelare med aktörskap, utan som specifika spelare, igångspelare, medspelare, samspelare och motspelare. Barnens aktörskap som *igångsättande* solister handlar till stor del om deras medverkan att vara med eller inte. Men det handlar också om aktörskap utifrån musikstundens innehåll och form, om att välja. Att välja rörelser, instrument, sång och musik. Förskollärarnas aktörskap som igångspelare kretsar kring val av innehåll, vilket tenderar att bygga på igenkännande, tradition och egna preferenser och val av form, vilket kretsar kring hur de ska "fånga barnen" med hjälp av variation, uppmuntran och lotsning. Musiken kan också ses som igångspelare och kan då med sin kraft både "fånga" aktörerna och forma musikstunderna.

Spelarna kan också *samspela* i stunder där det inte direkt går att urskilja vem som är igångspelare. Samspelet kan till och med tolkas bli så starkt att aktionen tas över, *action is overtaken* (Latour 2005). Där kanske en lärare som igångspelare introducerar vilken sång som ska sjungas och barnen tar över kommandot genom att helt enkelt börja sjunga den.

Ibland upplevs spelare vara med i musikstunden, men inte spela tillsammans. Det kan uppstå en dissonans mellan spelarna som kan ses som motspelare. Det kan tolkas som att det i stunder då barnen ofta får möjlighet att vara och är igångspelare uppstår det lätt dissonans mellan barn–lärare, medan när läraren har det största utrymmet som igångspelare kan dissonansen flyttas till att gälla barn–musik. Med detta synliggörs alltså såväl aktörer som dissonanser i rörelse.

Didaktiska implikationer

Det finns två didaktiska aspekter som jag vill ta upp så här i slutet av kapitlet. Den första är att om musikens, och inte enbart barnens och förskollärarnas aktörskap, lyfts fram under musikstunder och ses som något som med sin egen kraft påverkar musikstunder, blir det också mer intressant att förhålla sig reflekterande till val av musik. Då kan inte längre urval av innehåll baseras på igenkännande, tradition och egen preferens, utan behöver öppnas upp för musiklärande som är kommunicerande, lustfyllt och utmanande.

Den andra didaktiska aspekten är att de olika spelarna kan ge nya bilder av aktörskap under musikstunder. Kanske går det utifrån kunskap om olika spelare att öppna upp för musikstunder i samtillblivelse där barn, förskollärare och musik kan få agera olika spelare, igång-, sam-, med- och motspelare. Där är inte enbart förskollärarna och några få barn igångspelare, de flesta barn sam- och medspelare och några få barn motspelare.

Vad som skulle vara intressant att studera vidare är hur medvetenheten kring spelarna skulle kunna förändra aktörskapet i musikstunderna. I kombination med spelarna skulle också en genusdimension vara intressant att titta närmare på.

Litteratur

Asplund Carlsson, M., Pramling, N. & Pramling Samuelsson, I. (2008). Från görande till lärande och förståelse: en studie av lärares lärande inom estetik. *Nordisk barnehageforskning 2008* (1), s. 41–51.

Bjørkvold, J-R. (1985). *Den spontane barnesangen: vårt musikalske morsmål: en undersøkelse av førskolebarns sang i tre barnehager i Oslo*. Oslo: Cappelen.

Ehrlin, A. (2012). *Att lära av och med varandra: en etnografisk studie av musik i förskolan i en flerspråklig miljö*. Örebro: Örebro universitet.

Holgersen, S. (2002). *Mening og deltagelse: iagttagelse af 1–5-årige børns deltagelse i musikundervisning*. Avhandling, Köpenhamn: Danmarks Pedagogiske Universitet.

Holmberg, Y. (2012a). Musikstunder i förskolepraktik: samband mellan musikens mening, aktivitet och aktivitetsformer. *Nordisk barnehageforskning*, 5 (23), s. 1–14.

Holmberg, Y. (2012b). Musikstunden: sång, spel och rörelse. I: B. Riddersporre & J. Söderman (red.) *Musikvetenskap för förskolan* (s. 123–137). Stockholm: Natur och Kultur.

Holmberg, Y. (2013). Centrerat innehåll i musikstunder. I: I. Pramling Samuelson & I. Tallberg Broman (red.) *Barndom, lärande, ämnesdidaktik* (s. 193–208). Lund: Studentlitteratur.

Holmberg, Y. (2014). *Musikskap: musikstunders didaktik i förskolepraktiker*. Malmö: Malmö högskola.

Latour, B. (2005). *Reassembling the social: an introduction to actor-network-theory*. Oxford: University Press.

Lindström, L. (2002). Att lära genom konsten: en forskningsöversikt. I: M. Hjort, Å. Unander-Scharin, C. Wiklund & L. Åkman (red.) *Kilskrift: om konstarter och matematik i lärandet: en antologi*. Stockholm: Carlsson.

Läroplan för förskolan: Lpfö 98. Skolverket (2010). (ny reviderad utgåva). Stockholm: Utbildningsdepartementet.

Musikutbildningskommittén (1968). *Musikutbildning i Sverige: betänkande. 1.* Stockholm.

Nielsen, F. V. (2006). *Almen musikdidaktik* (3 uppl.) Köpenhamn: Akademisk forlag.

Pramling Samuelsson, I., Asplund Carlsson, M., Olsson, B., Pramling, N. & Wallerstedt, C. (2011). *Konsten att lära barn estetik: en utvecklingspedagogisk studie av barns kunnande inom musik, poesi och dans*. (2 uppl.). Stockholm: Norstedts (ingår numera i Studentlitteraturs utgivning).

SOU 1972:26. Förskolan del 1: Betänkande avgivet av 1968 års barnstugeutredning.

Small, C. (1998). *Musicking: the meanings of performing and listening*. Hanover, NH: University Press of New England.

Socialstyrelsen (1983). *Arbeta i förskolan: Att arbeta med barngrupp*. Stockholm: Liber.

Still, J. (2011). *Musikalisk lärandemiljö: planerade musikaktiviteter med småbarn i daghem.* Åbo: Åbo akademins förlag.

Sundin, B. (1995). *Barns musikaliska utveckling* (3 uppl.). Stockholm: Liber utbildning.

Tallberg Broman, I. (1995). *Perspektiv på förskolans historia.* Lund: Studentlitteratur.

Uddén, B. (2001). *Musisk pedagogik med kunskapande barn: vad Fröbel visste om visan som tolkande medel i barndomens studiedialog.* Avhandling, Stockholm: KMH förlag.

Vallberg Roth, A-C. (2001). Läroplaner för yngre barn: utvecklingen från 1800-talets mitt till i dag. *Pedagogisk forskning i Sverige,* 6 (4), s. 241–269.

Vallberg Roth, A-C. (2013). *Komparativ analys av nordiska riktlinjer för kvalitet och innehåll i förskola.* Norden/Oslo: Nordiska Ministerssådet och författaren.

Wallerstedt, C. (2010). *Att peka ut det osynliga i rörelse: en didaktisk studie av taktart i musik.* Avhandling, Göteborg: Göteborgs universitet.

Young, S. (2009). *Music 3–5. Essential guides for early years practitioners.* London och New York: Routledge.

KAPITEL 9

Kan musikaliskt lärande hjälpa barn att förstå matematik?

EDEL SANDERS
ÖVERSÄTTARE: NILS-MARTIN LUNDSGÅRD

Jag skulle ge barnen musik, fysik och filosofi, men det viktigaste är musiken, för i konstens mönster finns nyckeln till all kunskap.

PLATON (CIRKA 428–347 F.KR.)

Hur kan det matematiska tänkandet få stöd av musik? Hur kan musiken vara ett effektivt verktyg för att förstärka barns matematiska förståelse?

I det här kapitlet hoppas jag kunna ge ledtrådar och möjliga svar på dessa frågor. Jag inleder kapitlet med några teoretiska antaganden. Efter en presentation av mitt avhandlingsarbete, ger jag exempel på musikaktiviteter, som kan ge barn en koppling till matematik, vilka lärare kan använda på sina lektioner. För att kunna genomföra aktiviteterna krävs det varken musikalisk utbildning eller specifika kunskaper om notskrift. Huvudsyftet med det här kapitlet är att inspirera och stödja lärare i deras strävan att förbättra barns lärande av matematik med hjälp av det musikaliska lärandet.

Musikaliskt lärande är värdefullt i sig, men kan också indirekt påverka förmågan att lära genom hur det påverkar självförtroendet och förmågan att samarbeta med andra. Det finns en växande diskurs som pekar på att musiken förbättrar den akademiska prestationsförmågan genom att inverka på högre funktioner som oavbruten uppmärksamhet, impulskontroll, kognitiv flexibilitet och arbetsminne. I det här kapitlet reflekterar jag över hur musikaliskt lärande kan ge akademiska överföringseffekter.

Relationen mellan musik och matematik har begrundats i tusentals år. Frågor kring denna relation har under de senaste årtiondena åter dykt upp i litteraturen inom kognitionsvetenskapen och undervisningsforskningen. Spatial förmåga eller spatial intelligens är ett fält som verkar utgöra en kognitiv bro mellan dessa två områden.

Spatial förmåga och musikbearbetning

Det finns många studier som visar en koppling mellan musik och spatial-temporal förmåga (Rauscher m.fl.1994; Graziano, Peterson & Shaw 1999; Carey & Srinivasan 2008; Spelke 2008). Musik är ljud som rör sig genom tid. Därför är det rimligt att förmoda att erfarenheter och exponering för detta fält och lärande i det skapar mentala kopplingar som går bortom den enbart spatiala förmågan och kommer att innefatta spatial-temporal förmåga. I denna utökade tankeprocess är tiden en faktor som krävs för förmågan att mentalt ordna in saker i sekventiell ordningsföljd, kontra att bara uppfatta statiska visuella former och mönster.

Rauscher och hennes kollegor (1994) genomförde ett känt experiment med universitetsstuderande i vilket cirka en tredjedel av de matchade grupperna fick lyssna på Mozarts Sonat K. 448 i D-dur i tio minuter och sedan testades på sina spatiala förmågor med hjälp av Stanford-Binet-skalan. En tredjedel fick lyssna på avslappningsinstruktioner medan den sista tredjedelen inte fick lyssna på något alls. De som hade lyssnat på Mozart (N = 36) fick ett testresultat som var åtta till nio IQ-poäng högre än de i de andra grupperna. Den här effekten varade i femton minuter. Rauscher myntade därför kvickt ett uttryck som andra sedan tagit i bruk, "Mozarteffekten", vilken pekar på att intelligensen kan höjas av att lyssna till Mozart. De här rönen antyder ett orsaksförhållande och utgår specifikt ifrån ett test av spatial-temporal förmåga kontra allmän intelligens.

Att lyssna på eller ännu hellre lära sig andra former av musik, såsom jazz eller icke-västerländsk så kallad världsmusik, skulle antagligen kunna ge liknande resultat som den klassiska musiken om de musikformerna är lika komplexa och tilltalande för lyssnaren. De sammanflätade rytmer och melodier som återfinns i stora delar av musiken i Indonesien, Indien, Turkiet, Latinamerika och Afrika består ofta av flera lager som kan vara mycket invecklade. Det skulle vara intressant att se experiment som inbegriper den mångfasetterade melodiska och harmoniska musik som finns i de här kulturerna.

Spatiala strukturer i matematiska problem

I den fortsatta diskussionen om den spatiala förmågan och dess relation till både matematisk och musikalisk problemlösning kan det vara användbart att beakta gestaltpsykologin. En av de första förespråkarna för den här teorin var Wertheimer (1922), som belyste människors och djurs benägenhet att gruppera stimuli och att uppfatta helheter kontra delar.

"Grupperingen" innebär att man strukturerar och tolkar syn-, hörsel- och konceptuella fenomen baserat på närhet, likhet, slutenhet och/eller pregnans enligt symmetri, regelbundenhet och kontinuitet. Dessa faktorer kallades för gestaltlagarna och förklarades i kontexten av uppfattningsförmåga och problemlösning.

Richardson (2004) illustrerar gestaltteorin med ett exempel på hur barn använde spatial logik i hennes klassrum på förskolan. Hon gav barnen uppgiften att räkna antalet prickar på några kort (liknande hur prickarna är placerade på en tärning). I stället för att räkna, ritade barnen figurer som motsvarade vad de hade sett, såsom en "X"-figur för att visa hur kortet med fem prickar såg ut och en fyrkantig figur för att visa hur kortet med nio prickar såg ut. Det här exemplet stöder van Nes och de Langes (2007 s. 219) tes om att människor verkar ha förmågan till spatial logik innan de lär sig att räkna.

Van Nes och de Lange (2007) pekar på fördelarna med att applicera spatiala strukturer på matematiska problem, såsom att jämföra olika antal objekt, känna igen mönster, bygga klosskonstruktioner och identifiera kvantiteter, till exempel genom att se antalet sex som två grupper om tre.

"America" (Bernstein & Sondheim 1957) är ett stycke som man kan använda för att öva hjärnan inom de här områdena. Det går i blandad takt, med alternerande taktartsbeteckningar (rytmmönster eller -grupperingar) på 6/8 och 3/4. Det här musikstycket utgör ett utmärkt tillfälle att hjälpa elever att lära sig räkning, gruppering, mönsterigenkänning och kognitiva färdigheter för att kunna växla mellan uppgifter. Det senare underlättar mental flexibilitet, som är en viktig högre funktion. Eleverna kan också uppmärksammas på den roll som rytmen kan spela i ett styckes struktur, liksom hur rytmiska mönster kan spela roll när det gäller uttrycksfullhet och känslomässig respons. Jag använde det här stycket med elever i åldrarna 11–15 med mycket goda resultat. De tyckte om utmaningen och gladdes när allting "klickade". Se figur 9.1 för en sektion av det här stycket.

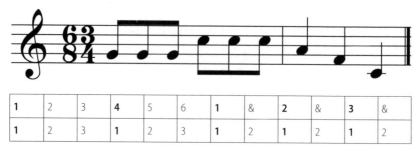

1	2	3	4	5	6	1	&	2	&	3	&
1	2	3	1	2	3	1	2	1	2	1	2

Figur 9.1 Under standardnoterna som visas ovan finns två sätt att räkna takten i sången "America". Grundtempot och pulsen är konstant men accenterna (i fetstil) faller på olika taktslag, vilket reflekteras av taktartsbeteckningen 6/8, 3/4, och därför grupperas och räknas de därefter. Översta raden är ett "riktigt" sätt att räkna enligt de underliggande pulsslagen på åttonde nottecknet (eller åttondelen) inom denna alternerande taktartsbeteckning. Den första takten, det vill säga den första halvan av det här utdraget, skulle också kunna räknas som två stora taktslag, där varje slag i sig innehåller tre små taktslag (sammansatt tvåtakt eller sammansatt taktart). Ur den synvinkeln skulle det gå att räkna: "**1** ee uh, **2** ee uh, **1**&, **2**&, **3**&." Nedre raden visar ett alternativt sätt att räkna som lyfter fram accenterna och den efterföljande grupperingsstrukturen. Detta musikexempel ger en effektiv möjlighet att lära ut taktslags- och mönsterigenkänning såväl som färdigheterna att räkna takten, gruppera taktslagen och hålla takten stadig medan vissa taktslag betonas, vilket kräver koncentration. Den räknemetod som använder den sammansatta tvåtakten är mest effektiv för de som lär sig att läsa mer komplicerade rytmnoter (Sanders 2012).

Då det verkar som att musiken kan bidra till att stödja utvecklingen av spatiala förmågor bör en allsidig undervisning med interdisciplinära tillvägagångssätt inklusive musik uppmuntras. Det vore inte tillräckligt att bara ersätta övningar i spatialt medvetande i klassrummet med musikaliska aktiviteter, men det verkar som att musiken skulle kunna användas som ett effektivt kompletterande ämne. Som jag antydde i början av det här kapitlet har musiken inte bara omedelbara effekter på det logiska tänkandet, utan har även visat sig kunna ge många fördelar som indirekt stöder framgång i skolan. De känslor av välbehag och njutning som många upplever när de engagerar sig i musik kan utgöra en stark drivkraft för att aktivt delta i livet i skolan, vilket också kan leda till bättre studieresultat (Abeles & Sanders 2007).

Avhandlingsarbete

I mitt avhandlingsarbete, vid universitetet i Cambridge, utforskade jag vilken potential som finns i att förbättra barns färdigheter i matematik och deras förståelse av ämnet med hjälp av musik. I min studie låg fokus på specifika musikaliska och matematiska element, där arbetet framför allt genomfördes med sång som verktyg. Studien genomfördes i fem grundskolor under ett helt skolår.

Nästan 200 barn i åldrarna sju till åtta år, från sex skolklasser, fick veckovisa musiklektioner som följde den nationella engelska läroplanens mål för musikämnet men med specifika fokus. Det kvasiexperimentella upplägget var indelat i två kategorier: musikalisk inriktning eller fokus (tre nivåer – form, melodi eller rytm) och matematisk tonvikt (två nivåer – implicit eller explicit). I alla andra avseenden hölls lektionsinnehållet så likt varandra som möjligt. Före-och-efter-tester gavs till alla barn för att få standardiserade beteendemässiga mått på deras musikaliska, spatiala och matematiska tänkande, och ett urval av barnen i varje skola intervjuades. Statistisk analys (blandade variansanalyser) av elevernas resultat i de här testerna visar på avsevärda positiva effekter i de flesta fallen om man jämför med normativa framsteg i matematik för alla de tre musikaliska inriktningarna och de båda matematiska nivåerna, med aningen högre effekt i de matematiskt explicita lektionerna.

Studiens resultat ger ett tydligt svar till dem som oroar sig för att många regeringars strävan att nå en högre standard inom matematiken i typfallet leder till utarmade läroplaner med begränsad tillgång till de estetiska ämnena. Det här arbetet visar – i linje med den ställda hypotesen – att musikaliskt lärande kan förbättra den matematiska prestationen, vilket gör att det kan läggas till den växande mängd forskning som pekar på att makthavare och utbildningsexperter bör ompröva sina tankar om hur läroplanen ska vara balanserad.

Pedagogiska och praktiska tillämpningar

När jag planerade mitt fältarbete ställde jag ett flertal frågor, såsom: vilket sätt att undervisa musik i skolorna är det trevligaste och mest praktiska? Hur kan jag använda musik på ett sätt som stöder och förbättrar barns matematiska tänkande? Hur kan jag väcka elevernas inneboende musikalitet samtidigt som jag lär dem begrepp som delas av de två ämnesområdena, såsom mönster, symboler, strukturer, mängdlära och problemlösning?

I samband med fältarbetet såg jag till att läroverktygen var tydliga och enkla för att alla lärare skulle kunna använda dem praktiskt och ställde frågan: måste läraren vara musikutbildad för att kunna använda musik till att liva upp klassrummet och inspirera till numeriska idéer?

KURSPLANEN

Kursplanen som användes i studien var kompatibel med den nationella engelska läroplanen för musik i skolan och var anpassad till åldersgruppen. Den bestod av musik från olika delar av världen, men huvuddelen hade västerländskt ursprung. Den här kursplanen presenterades för lärarna innan studien tog sin början. Då målet var att barnen skulle lära sig att aktivt *skapa* musik samtidigt som de skulle lära sig *om* musik, bestod kursplanen av följande: barnen skulle bygga upp en repertoar av låtar samtidigt som de lärde sig musikaliska begrepp, sjunga, spela instrument och analytiska förmågor som var särskilt relevanta för musikstilen.

Det var med lättnad jag konstaterade att den nationella engelska läroplanens riktlinjer för det tredje skolåret inte krävde att läraren skulle lära ut noter, då ett av målen med min forskning var att utforska vägar att undervisa på ett "organiskt sätt" – vilket innebär att få barnen att använda sina naturliga resurser, som öronen, rösterna och kropparna (att klappa, trumma och röra sig med) – för barnens och lärarnas skull. Förhoppningen var att eleverna skulle uppleva musiken på fler sätt än att bara lyssna och att lära sig fakta. Trots att många lärare inte kan läsa noter, förväntas de undervisa åtminstone någon sorts musik. Därför är det viktigt att de kan lära barnen på ett "organiskt sätt", i varje fall under de tidiga åren. Genom åren har min musikpedagogiska praktik i stor grad influerats av Shinichi Suzukis filosofi för musikundervisning, som uppmuntrar till naturligt musikaliskt lärande och att hela barnet får utvecklas i en vårdande miljö (Hendricks 2011; Suzuki 1969/1981).

ANALYS OCH KREATIV NOTSKRIFT

Huvudmålet med min studie var att se effekterna av musikaliskt lärande på det matematiska tänkandet. Som tidigare nämnts ville jag också se om det skulle finnas skillnader mellan grupper som fokuserade på olika aspekter av musik: form, melodi eller rytm. Dessutom ville jag veta om användningen av explicita hänvisningar till den musikalisk-matematiska kopplingen skulle öka den matematiska förståelsen ytterligare. För att likställa så många faktorer som möjligt arbetade jag med samma sånger med alla elever (men varje grupp hade ytterligare en sång som var särskilt relevant för dem).

Huvudaktiviteten under de två första lektionerna var att lyssna på musik och analysera denna genom egna illustrationer, vilket förberedde eleverna på en del av de begrepp som vi skulle komma att diskutera under kursens gång. Barnen ombads att rita av den musik de hörde, på vilket sätt de än kände för att göra det på. Det fanns inga regler. De uppmuntrades helt enkelt att skapa en bild av ljudet utifrån ett bestämt musikaliskt fokus. Till exempel sade jag till de grupper som hade fokus på melodi: "lägg märke till den ljuvliga melodin!"

Förutom att det är ett sätt att uttrycka sig är friheten att skapa sitt eget sätt att illustrera, notera eller "spåra" musiken också något som höjer medvetenheten om musikaliska proportioner och mönster. Genom att till exempel vara uppmärksam på kompositionsstrukturen, de melodiska konturerna, intervalldistanserna och de rytmiska mönstren i ett musikstycke kan barn lära sig om förhållanden rörande andra saker i livet, såsom geometriska figurer och olika objekts proportioner, såväl som mönster och lösningar som man kan stöta på i matematiska problem.

Många av barnens teckningar var exceptionella och alla hade uttryckts i olika stilar. Ett flertal exempel såg ut som faktiska ljudvågor vid olika frekvenser, vissa var särskilt kreativa och en del blandades med vanlig notskrift. Jag visade båda klasserna några exempel, inklusive de som såg ut som ljudvågor. Den första dagen ritade eleverna med blyertspennor, men på andra dagen använde de färgpennor eller kritor, vilket ökade variationen ytterligare. I varje grupp diskuterade vi teckningarna med deras särskilda musikaliska fokus (form, melodi eller rytm) i åtanke.

Det är fascinerande att se hur kreativa och ändå relativt träffsäkra barns illustrationer av musik kan vara. I grund och botten skapade de sina egna system för notskrift, ofta med inspirerande resultat. Det är också viktigt att nämna att de öppet uttryckte sin glädje och var stolta över sina mästerverk.

Figur 9.2 visar en kort analys av musikstycket "Le Cygne" (Saint-Saëns 1886), med hänsyn till de tre studerade musikaliska elementen. Därpå följer ett kort exempel på hur det här arbetet tog sig uttryck med elever i den grupp som fokuserade på den musikaliska formen. Inför de "matematiskt explicita" grupperna, inom varje fokusområde, nämnde jag dessutom kort kopplingen mellan de relevanta musikaliska idéerna och de motsvarande matematiska idéerna. I de "matematiskt implicita" grupperna nämnde jag däremot inte matematiken alls, trots att matematiska element såsom form, proportion och mönster är implicita i musiken och att dessa musikaliska komponenter faktiskt diskuterades.

Kort analys av "Le Cygne" ("Svanen") av Camille Saint-Saëns från
Le Carnaval des Animaux **(Djurens karneval) (1886).**

Formanalys

Tredelad form (ABA)

Inledning: 2 takter | A: 16 takter (8 + 8) | B: 16 takter (8 + 8) | A (repris): 8 takter |

Övergång till avslutning: 8 takter | Coda: 5 takter

Melodianalys

Melodin har genomgående en balanserad och elegant figur som spelas av en solocello som representerar svanen.

Stycket öppnar med en nedåtgående tonföljd som följs av en uppåtgående skala. Efter att den första delen av öppningsmelodin repeterats följer en kromatisk variant av det melodiska temat i del A. Del B visar upp ett sekventiellt nedåtgående och därpå uppåtgående mönster. När del A har repeterats är övergången till avslutningen återigen en serie av nedåtgående och därpå uppåtgående tonföljder, men där varje fras slutar med en tonal förhållning. Dessa vågrörelser och förhållningar ter sig som en reflektion av svanen som stilla rör sig på vattnet och sedan stannar upp, vilket representeras musikaliskt av det kontinuerliga underliggande pianoarpeggiot.

Rytmanalys

Rytmen går i 3/4-takt (tre fjärdedelsnoter per takt) och består framför allt av de ståtliga fjärdedelsnoterna och punkterade halvnoterna som utgör svanen, placerade sida vid sida med de kontinuerliga sextondelsnoter som bildar vattnet därunder. I den andra delen av övergången till avslutningen skiljs de två väsendena slutligen åt och spelas i turordning. I codan återvänder vattnet (pianot) till dess vanliga flöde av sextondelsnoter under svanens (cellons) slutgiltiga förhållna ton.

Figur 9.2

KREATIV NOTSKRIVNING MED DE FORMINRIKTADE GRUPPERNA

Jag förklarade varför de olika delarna av en musikalisk komposition kan betecknas del A, del B och så vidare och introducerade sedan tanken att när ett musikstycke upprepades med smärre förändringar så skulle det utmärkas med ett primtecken, som till exempel A′ för del A:s aningen förändrade återkomst. Sedan lyssnade vi på "Svanen" med det i åtanke. Jag bad dem att räcka upp händerna när del A återkom, vilket de flesta av dem klarade av. Sedan ritade jag en karta över delarna på tavlan, som en tidslinje där A-B-A gick från vänster till höger. Tillsammans med den matematiskt explicita gruppen jämförde jag också ABA med figurer och frågade vilken figur som har tre sidor, på vilket de flesta svarade "triangeln!" Sedan ritade jag en triangel på tavlan och märkte botten B, då det var den som skilde sig från de andra sidorna.

På samma sätt diskuterade vi under hela den nio månader långa studien de musikaliska komponenterna i *alla* de stycken som eleverna lärde sig att sjunga (och även spela i vissa fall), särskilt när det gällde den del av musiken som deras fokus låg på.

ATT HJÄLPA DE MELODIINRIKTADE GRUPPERNA ATT SE KONTURER

Alla grupper lärde sig exakt samma sånger, även om olika musikaliska element framhävdes under lärprocessen. Melodigruppernas uppvärmningar påminde om Kodálys tonika-do-solmisation, där handtecken visar den vertikala platsen på skalan när varje ton sjungs. Barnen ombads ibland under en sång att visa ändringar i tonhöjd med hjälp av sina händer, särskilt när de fortfarande höll på att lära sig melodin. Den här aktiviteten, som förstärker det melodiska lärandet, går att utvidga genom att man medan man sjunger den också visar sångens huvudsakliga melodiska figur med sina armar.

Vanlig melodisk notskrift ger också tillfälle att sammanföra hörsel- och synskildringar av musik, och kan även uttryckas kinestetiskt av barnen. Den melodiska notskriften växte fram för att kunna illustrera ljudets konturer på ett logiskt sätt. Därmed kan även en person utan musikutbildning följa den generella riktningen i musikens flöde och dess struktur så som den avbildas i notskriften. Lärare kan inkludera matematiska idéer direkt genom att hjälpa eleverna att upptäcka och illustrera geometriska figurer via att jämföra melodiernas figurer med visuella figurer. Dessutom går det att undervisa mätning genom att illustrera specifika avstånd mellan toner och jämföra dem med avståndet mellan till exempel golvet och bordsskivan.

Lekar där flera korta melodier avbildas på tavlan (antingen via vanlig melodisk notskrift eller genom allmänna artistiska illustrationer av de melodiska konturerna) kan fängsla eleverna fullkomligt. Medan varje melodi spelas eller sjungs får barnen i uppgift att passa ihop den melodi de lyssnar på med en lämplig illustration. Även detta uppmuntrar eleverna att vara uppmärksamma på figurer, mönster och strukturer, något som de kan överföra till andra områden, exempelvis geometri och arkitektur. Eleverna kan omvänt också först välja en geometrisk figur och sedan koreografera eller komponera ett stycke som passar med den figuren.

I linje med temat "sånger från hela världen" sjöng de grupper som hade fokus på melodi den schweiziska gånglåten "Weggis zue", en folksång med joddling. Joddling är ett roligt sätt att framhäva melodiska ändringar eftersom det här sångsättet innehåller dramatiska hopp som medför den karakteristiska klangförändring som kommer när man hoppar från ett lågt röstläge till ett högt röstläge. Dessutom sjöng alla grupper en arabisk folksång, "Tafta Hindi" ('Tyg från Indien'), med exotiska melodiska element. Den sången blev ett av elevernas favoritstycken.

ATT ANVÄNDA DIAGRAM MED RYTMGRUPPERNA

Rytmiska aktiviteter som stimulerar räkneförmågan innefattar ofta att man räknar medan man trummar, klappar, stampar eller spelar ett slaginstrument till en puls (en musikalisk rytm eller takt). Att räkna är nödvändigt för att små barn ska förstå grundläggande matematiska principer och involverar högre nivåer av förståelse än man kanske anar (Gelman & Gallistel 1986). Genom att använda enkla diagram kan läraren leda och vem som helst kan delta oavsett om de kan läsa vanlig notskrift eller inte. Ett diagram utgör en mycket tydlig avbildning av tidens gång, vilken kartläggs genom räkning.

Modellen nedan utgörs av sex sammankopplade rutor som radats upp horisontellt i en struktur jag valt att kalla en "rytmmatris" (se figur 9.3). Varje ruta motsvarar ett taktslag i den musikaliska frasen. Läraren kan sätta ett X i de rutor där barnen ska klappa, trumma, stampa eller spela sitt slaginstrument. Tomma rutor betyder tystnad, även om tiden fortfarande går. Därför fortsätter räknandet, antingen högt eller tyst, då eleverna måste

1	2	3	4	5	6
X		X		X	
	O		O		

Figur 9.3 Detta exempel på en enkel rytmmatris består av två lager som beskriver olika stämmor. Olika handlingar eller instrument kan tilldelas varje bokstav, X eller O. Lägg märke till att sjätte taktslaget är tyst för båda grupperna, vilket lägger till ett överraskande element som ser till att barnen fortsätter att räkna och koncentrera sig på ett mer utmanande sätt, och dessutom ger en tillfredsställande enhetlig tystnad i slutet av varje fras. Det här diagrammet med sex rutor fungerar bra med taktarter som 3/4, 3/8 eller 6/8.

hålla reda på tidens gång. Sålunda arbetar de med mönster och proportioner. När eleverna väl blivit bekväma med detta kan de skapa sina egna rytmiska mönster genom att sätta X i de rutor de själva vill. Många barn tycker om att höra hur deras eget mönster låter när klasskamraterna deltar i denna slagverksaktivitet.

Nästa steg är att inkludera en andra rad med rutor under den första, där ännu en rytmisk stämma markeras med O i några av rutorna. Detta skapar ett litet grupparrangemang för slagverk. Barnen kan tilldelas olika stämmor. Till exempel kan ena sidan av rummet klappa på X medan den andra sidan stampar på O. Alternativt kan några barn tilldelas trianglar och spela på X medan andra får congatrummor och spelar på O. Sedan kan de byta stämmor. Det går att skapa olika roliga arrangemang som sedan kan ändras för att ge en fortsatt utmaning.

Den här aktiviteten leder naturligt till att barnen lär sig om bråk, som jag kort introducerade för de "matematiskt explicita" grupperna. Jag frågade till exempel barnen om det påminde dem om något från mattelektionerna när tre av de sex rutorna har X i sig. Ett eller kanske några få barn nämnde bråk, som var ett begrepp som introducerades i deras undervisning det året. Sedan bad jag dem att uttrycka förhållandet som ett bråk (3/6). Jag frågade dem också hur stor del av helheten som är tyst. I det här fallet är det lika mycket tystnad som ljud. Sedan utvidgade jag detta konceptuella lärande genom att be eleverna att ge förslag på ett likvärdigt bråk (till exempel 1/2). Om bara två rutor är markerade, som med O:na, skulle bråket vara 2/6, med 1/3 som ett likvärdigt bråk, och så vidare. Bråken inom matriserna kan sedan överföras till ett tårtdiagram för att förtydliga genom att göra en avbildning av konceptet.

Eftersom vi som en del av min studie lärde oss sånger från olika delar av
världen använde vi rytmmatrisen med sex rutor i samband med två sånger,
en sudanesisk leksång för barn, "Gbodi" ('Gasellen') och en japansk folksång,
"Sakura" ('Körsbärsblommor'). I det senare stycket använde rytmgrupperna
en rytmisk introduktion med en populär japansk ramsa med sex stavelser,
en för varje taktslag: *nam-myoho-renge-kyo* (melodigrupperna sjöng denna
i en pentatonisk skala som introduktion samtidigt som de spelade skalan
på klockspel, där *nam* fungerade som upptakt i samma tonhöjd som *myo*).
Barnen skildrade med sina röster och händer regnet (och stormen, beroende
på hur hårt eleverna slog på sina trummor), som behövs för att blommorna
ska kunna frodas. Det här bildspråket skapade tillsammans med variation
av de accentuerade rytmerna, dynamiken och ingångstimingen (en andra
grupp kan till exempel komma in på *myo*, som är den andra takten) en spän-
nande atmosfär som till fullo engagerade eleverna. De koncentrerade sig och
utvecklade kognitiva förmågor utan att inse det.

En lärare kan använda alla de ovanstående exemplen utan att vara musik-
utbildad. Om läraren inte spelar piano eller gitarr eller om en mängd olika
ackompanjemang efterfrågas, eller om läraren vill ha mer frihet att arbeta
direkt med eleverna, går det bra att använda inspelningar av musikexempel.
Instrumentalversioner av sånger utan röstspåret kan utmana eleverna ytter-
ligare och även användas för uppträdanden.

ATT KOMPONERA MUSIK MED DE FORMINRIKTADE GRUPPERNA

Att komponera musik är något som utvecklar problemlösningsförmågan,
vilket kan överföras på problemlösning inom matematiken såväl som i livet.
Genom att prova olika möjligheter i skapandet av ett sammanhängande
stycke musik, såsom en sång, kan läraren sedan presentera matematiska pro-
blem och visa att även dessa kan lösas genom att utforska olika infallsvinklar.
Om elevernas eget utforskande underlättas, kanske i smågrupper, kan de
upptäcka att lösning av musikaliska problem påminner väldigt mycket om
att lösa matematiska problem och vice versa. Problemlösning kan presenteras
som något som liknar att lägga pussel. Elever kan diskutera möjliga lösningar
gruppvis eller i helklass. På så vis löser de problem ihop, något som föregås
eller följs av att de går igenom vilka steg de tagit och vilka idéer de använt.

De forminriktade grupperna (två klasser i samma skola) i min studie komponerade en sång tillsammans. Jag gav stöd under tiden och tillsammans skapade vi tre distinkta delar - A, B och C - såväl som en coda. Den här aktiviteten kan kräva att läraren är lite mer musikutbildad, beroende på hur komplex den sång som skapas är och huruvida den ska skrivas i notskrift.

SÅNG MED ALLA GRUPPER

Jag och eleverna diskuterade, under den nio månader långa studien, musikaliska komponenter i alla de stycken som de fick lära sig att sjunga (och även spela i vissa fall), särskilt när det gällde den del av musiken som deras fokus låg på.

Nedanstående är en stomme för en typisk lektion (baserad på att rösten används som instrument):

- Hälsning och uppvärmning.
- Lära sig en ny sång.
  - Läraren (jag) presenterar sången rad för rad medan barnen repeterar varje rad i ett *call and response*-mönster.
  - Skriv upp sångtexten på tavlan.
  - Sjung hela sången tillsammans.
  - Arbeta lite extra med svåra passager.
  - Analysera och diskutera sången, särskilt inom ramen för gruppens musikaliska inriktning.
  - Sjung sången 1–3 gånger till, med medvetenhet om de begrepp vi just talat om.
- Gå igenom och sjung bekanta sånger.
  - Påminn eleverna om saker de ska lägga märke till, såsom:
    - sång- eller instrumentalstämmor som behöver rättas till och poleras
    - uttryck och mening i sången
    - musikaliska fenomen som är särskilt intressanta med tanke på gruppens musikaliska fokus.
  - Lägg till en stämma, rörelse eller ett instrument till sången.
- Sjung, gör rörelser till och/eller spela hela sången för en rolig avslutning (antingen den föregående sången eller en annan välbekant sång) följt av applåder för att få ett uppmuntrande slut på lektionen.

Avslutning

Genom att prata om den musik de får höra och att skrida till handling, såtillvida att de tolkar musiken i teckningar eller skapar musiken själva, blir eleverna medvetna och mottagliga. Detta gör att de kan uppskatta musiken på en ny nivå, kanske till och med så till den grad att de spontant skapar nya arrangemang och musikaliska verk själva.

Den ökande mängden bevis på den positiva kopplingen mellan bearbetning av musik och matematiskt tänkande kan komma att uppmuntra makthavarna att inkludera fasta och regelbundna musiklektioner i läroplanen. Dessutom kan lärarna inspireras att använda musiken som ett verktyg och ett sätt att hjälpa sina elever att lättare förstå matematiska begrepp. Vi har ett ansvar inför våra barn att försöka hitta kreativa sätt att inte bara hjälpa dem att lära sig, utan att hjälpa dem att älska lärandet.

Litteratur

Abeles, H. & Sanders, E. M. (2007). Year VI assessment report: New Jersey Symphony Orchestra's early strings program. New York: Center for Arts Education Research, Columbia University. Hämtat på: http://www.njsymphony.org/education/documents/NJSOFinalRpt06.pdf.

Bernstein, L. & Sondheim, S. (1957). America. *West Side Story* (Musikal).

Carey & Srinivasan (2008). Studie från Harvarduniversitetet, ej publicerad.

Gelman, R. & Gallistel, C. R. (1986). *The child's understanding of number*. Cambridge, MA: Harvard University Press.

Graziano, A. B., Peterson, M. & Shaw, G. L. (1999). Enhanced learning of proportional math through music training and spatial-temporal training. *Neurological Research*, 21 (2), s. 139–152.

Hendricks, K. S. (2011). The philosophy of Shinichi Suzuki: Music Education as Love Education. *Philosophy of Music Education Review*, 19 (2), s. 136–154.

Rauscher, F. H., Shaw, G. L., Levine, L. J., Ky, K. N. & Wright, E. L. (1994). *Music and spatial task performance: a causal relationship*. Avhandling som presenterades på American Psychological Association 102nd Annual Convention, Los Angeles.

Richardson, K. (2004). Making sense. I: D. H. Clements & J. Sarama (red.) *Engaging young children in mathematics: standards for early childhood mathematics*. Mahwah: Lawrence Erlbaum Associates Inc., s. 321–324.

Saint-Saëns, C. (1886) Le Cygne ('Svanen'). *Le Carnaval des Animaux* ('Djurens karneval'). Musikstycke.

Sanders, E. (2012). Investigating the relationship between musical training and mathematical thinking in children. *Procedia – Social and Behavioral Sciences*, 55, s. 1134–1143. doi:10.1016/j.sbspro.2012.09.607.

Suzuki, S. (1981). *Ability development from age zero* (Översättning av Nagata, M. L.). Miami: Warner Brothers Publications, Inc. (Originalet publicerat 1969.)

Spelke, E. S. (2008). Effects of music instruction on developing cognitive systems at the foundations of mathematics and science. *Learning arts and the brain: the dana consortium reports on arts and cognition*. New York/Washington D.C.: Dana Press.

van Nes, F. & de Lange, J. (2007). Relating spatial structures to the development of spatial sense and number sense. *Mathematics education and neurosciences*. Utrecht: Freudenthal Institute for Science and Mathematics Education.

Wertheimer, M. (1922). Laws of organization in perceptual forms. Först publicerad under namnet Untersuchungen zur Lehre von der Gestalt II, i *Psychologische Forschung*, 4, s. 301–350.

KAPITEL 10

Musikalisk kompetens i början av livet – uppfattningsförmåga, kognition och kommunikation

HELGA RUT GUDMUNDSDOTTIR
ÖVERSÄTTARE: NILS-MARTIN LUNDSGÅRD

Musikaliska spädbarn

Musik verkar locka fram starka reaktioner hos spädbarn. Den som tillbringar tid med spädbarn och småbarn märker förmodligen att musik väldigt enkelt fångar deras uppmärksamhet, oavsett om det är inspelad musik, en musikalisk leksak, riktiga instrument, mänsklig sång eller om musiken tar sig andra former. Musik framkallar ofta fysiska reaktioner hos de små barnen, såsom rytmiska rörelser följda av positivt känslosamt beteende, vilket i hög grad påminner om hur äldre barn och vuxna dansar och njuter av musik. Föräldrar och andra som har hand om barn förbluffas ofta när väldigt små spädbarn reagerar på det här sättet, eftersom sådana reaktioner ger intrycket av en sofistikerad uppfattningsförmåga och ett beteende som man inte tvunget associerar med den tidiga barndomen. Hur mycket känner vi då egentligen till om spädbarns och små barns musikaliska förmågor? Och vad kan denna information lära oss om den roll musik spelar i spädbarns och småbarns liv?

Jag är musiklärare och trebarnsmamma och har länge fascinerats av kraften i musik och av musikalisk kommunikation med barn från födseln och framåt. Till och med före födseln märker mammor att musik verkar ha en lugnande eller upplivande effekt på det ofödda barnet. Mitt första möte med formell musikutbildning för små barn var under min doktorandutbildning i Kanada. Jag undervisade fyraåringar och femåringar i ett förberedande musikprogram på en musikskola. Barnen i klassen talade olika språk, men jag upptäckte snart att jag kunde nå alla genom musiken och att vi inte behövde orden för att kunna få musiken att bli till och njuta av den tillsammans. När jag sedan tog en musikkurs för spädbarn och föräldrar med min åtta månader gamla dotter upptäckte jag att exakt samma sak hände. Spädbarnen kunde inte gå eller prata men tyckte om de musikaliska ritualerna och det musikaliska umgänget. Spädbarnen spred sin entusiasm och sina preferenser till de andra deltagarna genom leenden, kroppsspråk och positiva vokaliseringar. Jag upptäckte att spädbarnen var precis lika aktiva deltagare som sina föräldrar och att de i vissa fall till och med överträffade sina föräldrar när det gällde positivt musiksocialt beteende. Senare utvecklade jag en metod att använda i musikkurser för föräldrar och spädbarn på Island, vilken nu har varit i bruk i tio år (Gudmundsdottir & Gudmundsdottir 2010). Så småningom övergick jag till att forska om musik i den tidiga barndomen, för att bättre kunna förstå dels vad unga spädbarn är kognitivt kapabla att göra när det gäller att uppfatta musik, dels vilka musikaliska förmågor de har när det gäller kommunikation och deltagande (Gudmundsdottir 2011).

I det här kapitlet kommer jag att redogöra för den litteratur som finns om musik i spädbarnsåldern och den tidiga barndomen. Vi känner i dag till mer om hur musik uppfattas under det första levnadsåret än om hur förmågan att producera musik ser ut. Genom att lära oss om vilka förmågor spädbarn har tidigt i livet kan vi dock nå en djupare förståelse av hur vi kan utveckla och främja musikaliska förmågor i det här skedet. Först ger jag en översikt över spädbarnets musikalitet och tanken om musiken som en medfödd egenskap hos människan. Sedan diskuterar jag vikten av ljud i livets allra tidigaste skede, med hänvisningar till forskning om nyföddas uppfattningsförmåga. Detta följs av en sammanfattning av studier om musikuppfattning och musikalisk enkulturation tidigt i livet, som i sin tur leder till ett avsnitt om musikproduktionsförmågor tidigt i livet, såsom att sjunga och att röra sig till rytmer.

För att visa på värdet av att göra musikaliska aktiviteter med spädbarn och småbarn följer därpå ett avsnitt om den forskning som finns om effekterna av musikaliska aktiviteter med spädbarn och småbarn, inklusive några av de observationer som jag själv gjort och resultat som jag kommit fram till i mitt arbete. Slutligen föreslår jag några slutsatser och råd för de som uppfostrar och undervisar små barn.

Det verkar vara konsensus i den moderna musikpsykologiska litteraturen att människan är musikalisk från födseln (Malloch & Trevarthen 2009; Trehub 2003a), det vill säga att en normal människa föds med förmågan att höra, förstå och lära sig musik. Vidare verkar musik vara ett kraftfullt medium för att uttrycka grundläggande mänskliga känslor och kan följaktligen påverka individers känslomässiga tillstånd. Detta innebär att spädbarn tidigt lär sig att höra, och förvänta sig, vissa inneboende mönster i sin egen kulturs musik och är kapabla att visa upp olika fysiska och känslomässiga reaktioner på olika sorters musik. Spädbarnet är inte bara en passiv lyssnare. Spädbarnet är faktiskt, som Sandra Trehub beskriver det, en "musikalisk konnässör" som kan urskilja melodiska konturer, tonalitet, dissonans och taktstrukturer i musik (Trehub 2006a). Vidare är spädbarnet en aktiv deltagare i sina musikaliska omgivningar. Spädbarnet anses mycket kort efter födseln kommunicera aktivt med den som tar hand om det. Denna kommunikation anses av vissa forskare vara medfött musikalisk till sin natur (Malloch & Trevarthen 2009). Den förmodade källan till den mänskliga musikaliteten anses vara den interaktiva leken mellan mammor och spädbarn, där de turas om, speglar och imiterar varandra genom ansiktsuttryck, gester och vokaliseringar (Dissanayake 2009).

Musik och ljud vid födseln

Ett nyfött spädbarn tycks kanske inte ha förmågan att utföra komplexa kognitiva processer. Noggranna studier av nyfödda har dock visat att spädbarn är kapabla att göra mer än man tidigare kunnat veta, eftersom man då inte hade tillgång till uppfinningsrika experimentella metoder som kunde användas på nyfödda och spädbarn. Faktum är att nyfödda kan skilja sin mammas röst från andra kvinnliga röster (DeCasper & Fifer 1980) och sitt modersmål från andra språk (Moon, Cooper & Fifer 1993). Det har också visat sig att nyfödda kan känna igen musik som de exponerats för prenatalt (Hepper 1991; Wilkin 1995) och berättelser som lästs upp för dem upprepade gånger före födseln (DeCasper & Spence 1986).

Att dessa enastående kognitiva förmågor uppenbaras så tidigt i livet visar att ett spädbarn är i stånd till att göra en mycket mer komplex bearbetning av sin ljudmiljö än man tidigare trott. Det är tydligt att när det gäller bearbetning av hörselstimuli, kan en viss grad av inlärning förekomma redan före födseln. Fostret kan höra, bearbeta och komma ihåg musikaliska ljudmönster som det hört under graviditetens tredje trimester. Ljud är också den mest komplexa formen av stimulans som finns prenatalt (Parncutt 2006). Därför är det värt att betrakta musiken och den auditiva miljön som relativt stabila inslag i övergången från fosterstadiet till livet efter födseln. Spädbarnets hörsel och förmåga att bearbeta ljud är mer avancerade vid födseln än till exempel synen och förmågan att bearbeta visuella intryck (Wilcox 1999), vilket kan förklaras med att ett normalt nyfött barn har haft rik erfarenhet av ljud före födseln. Faktum är att ett nyfött barn har mycket lite erfarenhet av att titta på saker, former och färger före födseln. Efter födseln upptäcker det nyfödda barnet sina andra sinnen för första gången, i form av nya smaker och lukter, känslan av värme eller kyla och känslan av olika ytor mot huden. Ljudmiljön är däremot bekant och kan därför vara en källa till tröst och trygghet i det nya livet efter födseln. En viktig del av de hanteringsmekanismer och anknytningsmekanismer som äger rum i det nyfödda barnets liv kan vara att efter födseln känna igen såväl mammans röst som andra ljudkällor i omgivningen.

Det finns många anekdoter om nyfödda spädbarn som lugnas ner av en välkänd röst eller musik som han eller hon fått höra före födseln. Utifrån empiriska bevis verkar det också tydligt att spädbarn kan minnas ljud som de har hört innan de föddes (Hepper 1996). Oavsett vilken effekt det har på ett nyfött barn att höra röster eller musik som är bekant från tiden före födseln, kan man tryggt säga att ett normalhörande nyfött barn har förmågan att känna igen röster och musik från graviditetens sista trimester omedelbart efter födseln och möjligtvis längre än så. Vetskapen om att det nyfödda barnet har förmågan att urskilja och bearbeta komplexa ljud ger dock inte mycket information om spädbarns respons på musik och huruvida ett spädbarn faktiskt kan njuta av att lyssna på musik.

Efter bara några månaders erfarenhet av livet utanför livmodern föredrar spädbarn att lyssna på barnriktat tal framför vuxenriktat tal, och föredrar att lyssna på barnriktad sång framför att lyssna på vuxenriktad sång eller barnriktat tal. Spädbarn verkar också föredra konsonanta intervaller framför dissonanta intervaller men det är inte tydligt om de föredrar konsonans före dissonans i en musikalisk kontext (Adachi & Trehub 2012). Trots att det finns forskning om vad spädbarn föredrar när det gäller flera olika typer av hörselstimuli, har deras känslomässiga respons på musik inte undersökts i någon större utsträckning. Spädbarn associerar till exempel inte glada och ledsna ansikten med glad och ledsen musik så som barn och vuxna gör (Nawrot 2003). Deras fysiologiska reaktioner på musik kan dock ge vissa indikationer på deras känslomässiga respons på musik. I studier om musik och affekt på vuxna har man mätt andningen, hjärtrytmen och blodtrycket medan de lyssnat på musik (se till exempel Gomez & Danuser 2007). I en intressant studie mättes de fysiologiska reaktionerna i för tidigt födda spädbarn på en intensivvårdsavdelning under två tillstånd, med och utan musik. Forskarna fann att de fysiologiska mätvärdena förbättrades under musiktillståndet, under vilket en inspelning av sjungna vaggvisor spelades upp, i jämförelse med mätvärdena från tillståndet utan musik. Det vill säga att spädbarnens hjärtrytm och andningsrytm blev mer regelbunden när de lyssnade på musik än när det inte spelades någon. Vidare uppmättes större syremättnad och barnen hade färre och kortare attacker av otröstlig gråt när musik spelades än när det inte spelades någon musik (Keith, Russell & Weaver 2009). Resultat som dessa ger en viktig indikation på att musik kan användas för att hjälpa till att förändra fysiska och känslomässiga tillstånd hos äldre spädbarn och inte minst hos nyfödda.

Musikuppfattning i den tidiga barndomen

Det är tydligt att spädbarn inte börjar livet med ett tomt musikaliskt blad, utan snarare med anlag för att vara uppmärksamma på ljudsekvensers melodiska konturer och rytmiska mönster, oavsett om det handlar om musik eller tal. De är mottagliga för konsonanta mönster, melodiska såväl som harmoniska sådana, och för metriska rytmer.

TREHUB 2006B S. 11

Även om nyfödda föredrar att lyssna på sin mammas röst framför andra röster, föredrar de faktiskt att höra en inspelning där mammans röst manipulerats för att låta som i livmodern framför en inspelning av mammans röst utanför livmodern (Fifer & Moon 1988). Dessa preferenser pekar på att en viss tillvänjning faktiskt sker före födseln. Det verkar dock inte vara tvunget för spädbarnet att exponeras för mammans röst för att kunna skapa preferenser efter födseln. I en undersökning föredrog barn till döva mammor barnriktad sång framför vuxenriktad sång bara två dagar efter födseln, troligen utan att prenatalt ha exponerats för moderlig sång och med mycket begränsad erfarenhet av moderligt tal (Masataka 1999).

Senare under den tidiga barndomen (6–9 månader) finns det tydliga tecken på musikaliskt minne då spädbarn vid det här laget kan lära sig att känna igen enkla folkvisor (Trainor, Wu & Tsang 2004) eller mer komplex symfonisk musik av Mozart och Ravel och behålla den här musiken i långtidsminnet under ett par veckor (Ilari & Polka 2006; Saffran, Loman & Robertson 2000). Spädbarn uppfattar melodier på ungefär samma sätt som vuxna och har känsliga öron för musiksystemen i sin omgivning, både när det gäller tonala system och taktfastheten i rytmer (Trehub 2006b). Spädbarn är också bättre än vuxna och äldre barn på att uppfatta andra kulturers musiksystem när dessa skiljer sig från den musikaliska kultur de är vana vid (Hannon & Trehub 2005).

Människor är då inte bara känsligare när det gäller att uppfatta lingvistiska ljud när de är yngre. Spädbarn är också mer mottagliga för attribut i musik från andra kulturer än vad vuxna är. Vi kan därmed dra slutsatsen att spädbarn och väldigt små barn kan utveckla en känslighet och kunskap om mer olikartad musik än de vanligtvis exponeras för i en vanlig hem- eller förskolemiljö. Detta ger oroade föräldrar och musiklärare ett utmärkt exempel på vikten av en rik musikalisk miljö. Spädbarn absorberar information från den omgivande ljudmiljön oavsett om den utgörs av språk eller musik. För att de ska kunna ta till sig de viktigaste beståndsdelarna är det också nödvändigt att de exponeras för ljudmiljön i lämplig utsträckning.

Musikproduktion i spädbarnsåldern

Med tanke på att spädbarns musikuppfattningsförmåga är betydligt mer avancerad än de flesta förväntar sig, kan det tyckas förvånande att spädbarn och små barn verkar utveckla sin skicklighet i att skapa musik betydligt långsammare (Davidson, McKernon & Gardner 1981; McKernon 1979; Welch 1998). För de flesta individer som utvecklas i normal takt tar till och med en så vanlig handling som att sjunga en enkel sång åratal att bemästra på ett sådant sätt att de kan framföra en precist återgiven version av en existerande sång. Detta förbryllar ännu mer om man betänker den forskning som visar att spädbarn njuter av sång och lyssnar noggrannare på sång än på andra kommunikationssätt, som tal, och att barnriktad sång anses vara en universell praktik i alla kulturer. Spädbarn verkar öva på att sjunga genom att vokalisera med vad som kallas jollrande tal och sång, som börjar utvecklas cirka 4–7 månader efter födseln. Man tror att jollrande sång utvecklas till sångfragment och fraser som lånats från repertoaren av sånger i omgivningen

(Bjørkvold 1989; Moog 1976; Sundin 1998; Young 2002; Whiteman 2001). Dessa sångfragment utgör ofta grunden för en improviserad lek i vilken små barn ses upprepa och experimentera med sina egna vokalljud och en del av det musikaliska materialet i den omgivande kulturen. Den här typen av beteende kallas ofta för spontansång och ses av en del forskare som en i princip egen musikgenre, då spontansången påminner om kreativa vuxna musikgenrer som improvisationsjazz, i och med att utövaren leker med musikaliska former i en relativt fri struktur. En vuxen iakttagare kan dock inte låta bli att spekulera om vilka musikaliska avsikter det spontansjungande barnet har. Det finns observationer som visar att ett förskolebarn som sjunger verkar sjunga med ett syfte som är kopplat till den aktivitet som han eller hon är engagerad i för stunden, och att själva sångakten verkar vara sekundär eller bara ett ackompanjemang till en särskild handling (Bjørkvold 1989). Bjørkvold identifierar tre huvudtyper av spontansång, från flytande sång och formelsång till färdigsånger. Det verkar dock som att sångutvecklingen varierar mellan individer även inom samma kulturella miljö. I en studie av den spontansång som sex barn i samma förskola producerade under en period på tre år fanns betydande individuella skillnader mellan barnen i de spontansånger de producerade (Whiteman 2001).

Att lära sig att sjunga "rent" verkar också vara något som utvecklas individuellt, och det är inte klarlagt hur mycket detta beror på individuell fallenhet och hur mycket som kan tillskrivas omgivningen. Det finns anekdotiska beskrivningar som pekar på att vissa spädbarn klarar att sjunga hela sånger rent när de är i tvåårsåldern medan andra beskrivningar pekar på att en tvååring bara precis börjar forma melodifragment i den åldern (de Vries 2005). Vissa menar att ren sång bara behärskas av en del barn först vid fem års ålder (Flowers & Dunne-Sousa 1990; Welch, Rush & Howard 1991). En annan redogörelse för hur barn lär sig sånger pekar på att en del barn verkar fokusera på att sjunga texten korrekt utan att ägna melodin någon större uppmärksamhet medan andra barn följer det motsatta mönstret (Kelley & Sutton-Smith 1987).

Enligt studier om precision i sång i västerländska kulturer sjunger många individer inte "rent" när de börjar skolan, åtminstone inte enligt de sångtest där precisionen mäts. I en sammanfattning av sådana studier visar det sig att uppskattningsvis 35 procent av alla sjuåringar sjunger falskt, en siffra som minskar till sju procent bland elvaåringar (Welch 2006). Det finns inga studier som har kunnat ge tillräckligt med bevis för hur musikalisk övning och exponering för musikaliskt material påverkar barns tillägnande av sångförmåga, även om många uttrycker en tro på att en musikaliskt stimulerande omgivning är viktig för den individuella utvecklingen (Gordon 2003; Kelley & Sutton-Smith 1987; Stadler-Elmer 2012). Rapporter från icke-västerländska kulturer med starka sångtraditioner pekar på att falsksång är ovanligt efter femårsåldern (se till exempel Kreutzer 2001). Det krävs visserligen mer bevis från tvärkulturella studier, men sådana beskrivningar av tidigare precision i sången pekar på att en kultur med en rik sångmiljö kan främja en tidigare utveckling av sångförmågan än den som kan ses i kulturer där individer får mindre sångövning i sina dagliga liv. Det har visats att sånginstruktion i grupp i skolåldern förbättrar prestationen vid sångtester (se till exempel Welch, Saunders, Papageorgi & Himonides 2012). Det är på samma sätt rimligt att förmoda att det finns en direkt koppling mellan antalet sångupplevelser i den tidiga barndomen där barnet får tillfälle att använda sin egen sångröst och hur tidigt det lär sig att sjunga rent.

Rytm i livets början

Spädbarn och småbarn uppfattar rytmer och takt i musik. Nyfödda barn uppvisar häpnadsväckande nog känslighet för nedslagen i taktmässigt regelbunden musik, något som uppmätts genom att titta på nyföddas hjärnaktivitet när de lyssnar på regelbundna rytmiska cykler. Den nyföddas hjärna visar en reaktion som indikerar att barnet förväntar sig ett taktslag även när ett sådant hoppas över (Winkler m.fl. 2009). En annan intressant upptäckt är att sex månader gamla spädbarn vänjer sig vid tretakt om de studsas på vart tredje slag från en metronom, men till tvåtakt om de studsas vartannat slag (Phillips-Silver & Trainor 2005). Spädbarn är också duktiga på att lära sig mer komplexa oregelbundna rytmiska mönster. Vid tre till sex månaders ålder kan spädbarn lära sig att urskilja de oregelbundna mönster som är vanliga i bulgarisk folkmusik, vilka nordamerikanska vuxna och barn äldre än ett år inte kan urskilja (Hannon & Trehub 2005).

De flesta musikuppfattningsförmågorna hos spädbarn har bara upptäckts i laboratorier och är inte uppenbara vid normal interaktion med spädbarn, eftersom de inte tvunget är särskilt bra på att visa hur mycket de vet och förstår. Det kan också vara så att vuxna inte är särskilt bra på att lägga märke till spädbarns förmågor i det dagliga livet. Spädbarn visar icke desto mindre en omisskännlig affinitet med musik genom sitt vardagsbeteende. Det är för de flesta vuxna uppenbart att spädbarn kan livas upp och lugnas ner av musik. Även om de inte kan trumma taktfast med någon mätbar nivå av precision, verkar spädbarn och småbarn (5–24 månader) försöka följa de musikaliska takter de kan höra, då de faktiskt rör sig snabbare till en snabb takt än en långsam sådan (Zentner & Eerola 2010). Det är därför rimligt att dra slutsatsen att spädbarn är utmärkta på att uppfatta musikens takt, men att deras långsamma motorikutveckling hindrar dem när det gäller att omvandla det de uppfattar till rörelser. Faktum är att spädbarn redan vid sju månaders ålder har visats kunna uppfatta skillnaden mellan en hammare som rör sig i takt och en som inte gör det (Bahrick & Pickens 1995), vilket är långt innan de med precision kan matcha sina egna rörelser till en regelbunden takt.

I en naturlig miljö märker föräldrar och andra som tar hand om spädbarn och småbarn deras synbarligen medfödda fallenhet för rytm genom att barnen attraheras till alla rytmiska ljud i omgivningen, inklusive icke-musikaliska sådana. Genom att röra sina händer upp och ner och genom att sparka med sina fötter som svar på musikaliska taktslag visar spädbarnen tidigt att de tycker om taktfast musik. Så snart spädbarn tryggt kan sitta upprätt brukar det gå att se en studsande rörelse i samband med musik, där den övre kroppshalvan rör sig eller studsar mot den nedre kroppshalvan. Detta beteende åtföljs ibland av ett upprepat nickande. När spädbarnet sedan lär sig att stå, upptäcker det snart att det kan åstadkomma en studsande rörelse genom att böja på knäna. Denna knäböjande typ av dans kan till och med uppkomma innan spädbarnet lärt sig gå och är en källa till stor glädje för vuxna som råkar se den, därav kanske ABBA:s sångtext: "Mother says I was a dancer before I could walk". Faktum är att den här typen av dansbeteende ofta är det första oberoende musikaliska beteendet som vuxna märker hos spädbarn, vilket kan ge upphov till nyfikenhet och spekulationer kring spädbarnets musikaliska tendenser och talang.

Forskning om spädbarns rytmiska förmågor involverar inte bara deras uppfattning av musikaliska rytmer i egentlig mening. En del forskare anser att förmågan att kommunicera ickeverbalt med en annan person är en akt som kräver en viss rytmisk känslighet och använder till och med termen kommunikativ musikalitet i den här kontexten (Cross & Morley 2008; Malloch 2000; Malloch & Trevarthen 2009). Den här sortens kommunikation är det vi ser i den tidigaste formen av interaktioner ansikte mot ansikte mellan en vuxen och en nyfödd. Redan två månader efter födseln kan ett spädbarn föra ett "samtal" genom att ljuda tillbaka till den omhändertagande vuxna personen i en sekvens som påminner om ett samtal där båda parterna turas om att prata. Det går visserligen att diskutera vilka avsikter spädbarn har i en ickeverbal kommunikation med en vuxen och vad detta egentligen innebär när det gäller att förstå musikens ursprung (Trehub 2010a), men det är viktigt att vara uppmärksam på spädbarns benägenhet att kommunicera i en musikalisk kontext. Musik är ett kommunikationssätt. Musik förmedlar känslor och underlättar social anknytning i alla åldersgrupper. Observerar man spädbarn i musikaliska kontexter, vare sig i en daglig sångrutin under blöjbyte eller i en strukturerad musikalisk kontext, som en musiklektion för föräldrar och spädbarn, står det snart klart att spädbarn är aktiva deltagare och njuter av att bidra till musikaliska ritualer efter bästa förmåga.

Innan spädbarn lär sig att använda ord för att kommunicera kan de uttrycka sig själva med hjälp av ljud och gester. Denna kommunikation tenderar att vara av musikalisk natur. De vuxna som har hand om det lilla spädbarnet måste dock vara mottagliga för den här sortens kommunikation för att den ska kunna vara framgångsrik. Innan vuxna kan kommunicera verbalt med ett spädbarn kan de använda detta musikaliska medium bestående av ljud och gester för att hjälpa spädbarnet att förstå olika situationer och rutiner. Vuxna använder ofta intuitivt en modifierad version av sitt vanliga tal när de talar med spädbarn. Detta kallas barnriktat tal eller *motherese* och har ett högre tonläge och mer överdrivna konturer än vanligt vuxenriktat tal (se till exempel Trehub 2006b). Det finns gott om bevis på att spädbarn föredrar den här sortens tal och är mer uppmärksamma på det än på mindre nyanserat vuxenriktat tal. Musikaliteten i det barnriktade talet bidrar till att hålla fast spädbarnets uppmärksamhet och hjälper dem att hålla sig i samklang med den vuxna person som tar hand om dem. När man kommunicerar med ett spädbarn som ännu inte förstår talat språk kan det vara till stor hjälp att utnyttja spädbarnets känslighet för överdrivna skillnader i tonproduktionen.

Musikaktiviteter med spädbarn och småbarn

Musik verkar ha en naturlig dragningskraft på spädbarn. De anpassar sig till de musikaliska strukturerna i sin egen kultur och bildar preferenser för de olika sorters musik som de hör. Spädbarn stöter på musik i hemmet och i sin dagliga miljö. Småbarnsföräldrar i hela världen förefaller sjunga och leka sånglekar, även om det finns variationer mellan kulturerna när det gäller de här traditionerna (se Adachi & Trehub 2012). I förskolemiljön används musiken som ett bakgrundsljud och ofta finns det även korta musikaktiviteter, särskilt gruppsång med sånglekar, inklusive sånger med rörelser, som spädbarn och småbarn verkar älska. I många välmående samhällen har det blivit alltmer populärt med musiklektioner för spädbarn och föräldrar (Gudmundsdottir & Gudmundsdottir 2010). Såväl aktiviteterna under lektionerna som bakgrundsteorierna och målen med sådana här kurser tar sig vitt skilda uttryck (Gudmundsdottir 2011). Vissa kurser siktar på att förbättra barnens musikaliska förmågor och att förbereda dem för ett liv av formella musikstudier. Andra kurser har mål för spädbarnens allmänna intellektuella utveckling eller deras sociala och känslomässiga utveckling när det gäller att tryggt knyta an till den som tar hand om dem. Oavsett vilken infallsvinkel kursen har är det tydligt att hur mycket spädbarnet får delta är avgörande för hur effektiv kursen är.

En nyligen genomförd studie jämförde ett antal musikkurser för föräldrar och spädbarn som skilde sig åt vad gällde professionell instruktion och hur mycket spädbarnen fick delta. Forskarna drog slutsatsen att spädbarn vid sex till tolv månaders ålder fick flera fördelar av att delta i en aktiv professionell musikkurs jämfört med att exponeras för musik på ett mer passivt vis. En fördel var att de hade bättre utveckling av prelingvistiska kommunikativa gester och socialt beteende än de spädbarn som fått genomgå den passiva musikupplevelsen (Gerry, Unrau & Trainor 2012). En annan studie med äldre småbarn fann att musikaktiviteter i grupp i större utsträckning än andra sociala aktiviteter utan musik främjade det prosociala beteendet hos fyraåringar (Kirschner & Tomasello 2010). Båda studierna pekar på att musikaktiviteter i grupp ger positiva sociala fördelar bortom vad som kan förväntas från andra typer av gruppaktiviteter utan musik, och att dessa musikaliska fördelar gäller för både spädbarn och lite äldre småbarn.

Genom min erfarenhet av musikkurser för föräldrar och spädbarn har jag lärt mig att magiska saker händer på musiklektionen på grund av musiken som delas där. Föräldrarna får upptäcka en ny sida hos sig själva när de interagerar musikaliskt med andra föräldrar och spädbarn i gruppen och de får också möjlighet att se sitt spädbarn som en social varelse i en ny kontext.

De kan vara alltifrån professionella musiker till personer med väldigt dåligt självförtroende när det gäller deras musikaliska färdigheter, men alla verkar ha stor glädje av att delta i musikaktiviteter med sitt spädbarn. Även de som är vana vid att göra många musikaliska aktiviteter hemma vittnar om att det är mycket mer meningsfullt att spela och uppleva musik i grupp än de hade trott. Gruppens roll i musikkurser för föräldrar och spädbarn verkar vara mycket viktig och gruppdynamiken drivs och underlättas av musiken. Denna gruppdynamik i musikkurser för föräldrar och spädbarn behöver undersökas närmare. Studerar man videoinspelningar från fjorton 45-minuterslektioner med föräldrar och åtta till nio månader gamla spädbarn syns det tydligt att spädbarn i den åldern reagerar mycket starkt både på musiken och på de sociala aktiviteter som associeras med musiken. Spädbarn i den åldern talar och går inte, men visar upp en varierad repertoar av rörelser som respons på musik. De kan vifta på händerna, sparka med fötterna, nicka med huvudet och vicka på bålen som respons på musiken. De tycker om att skaka skallerinstrument och att slå på trummor med sina händer och med små hammare. De tycker dock också om att tas med på en åktur i föräldrarnas armar i olika musiklekar. Ibland är spädbarnens reaktioner fysiska och uttrycksfulla, men ibland reagerar de med en passivt alert uppmärksamhet på musikaliska aktiviteter som de tycker om.

Ett exempel är att spädbarnen tycker om när föräldrarna i en enkel dans till barockmusik håller dem i famnen och står uppställda i två rader mitt emot varandra, där varje rad turas om att gå framåt unisont och buga för den raden som står stilla. Den här aktiviteten lugnar utan undantag alla spädbarn inom några sekunder, oavsett hur rastlösa de var innan aktiviteten började. Spädbarn som är bekanta med aktiviteten behöver inte ens själva dansen för att lugnas ner. I ett experiment med två grupper av åtta till nio månader gamla spädbarn som kunde barockdansen sedan tidigare ombads föräldrarna att stå stilla utan att göra några dansrörelser när musiken slogs på. Innan musiken började var spädbarnen i båda grupperna extremt rastlösa och oroliga eftersom detta var mot slutet av en 45 minuter lång lektion. Så snart musiken började blev barnen i båda grupperna lugna, slutade röra sig och såg uppmärksamma ut. Detta uppmärksamma tillstånd varade under hela det välbekanta barockstycket (75 sekunder). Det var inte bara intressant att se musikens kraft när det gällde att reglera spädbarnens gruppbeteende, utan också överraskande att de flesta spädbarnen rörde sig väldigt lite under hela den stund de var i det uppmärksamma tillståndet (Gudmundsdottir 2012). Denna upptäckt var en påminnelse om att spädbarn inte tvunget reagerar på musik genom att röra sig mer. Faktum är att en förhöjd uppmärksamhet på musik lika gärna kan få spädbarnet att sluta röra sig som en reaktion på musiken. Om en vuxen enbart tittar efter rörelsereaktioner på musiken hos ett spädbarn finns det dock en risk att den vuxna missar eller förbiser lugnare, uppmärksamma reaktioner på musiken.

Det finns ett anekdotartat exempel ifrån min erfarenhet med kurser för föräldrar och spädbarn som visar hur kraftfull musiken kan vara när den associeras med en positiv gruppupplevelse. Många av föräldrarna berättade att inget verkade kunna lugna deras småbarn under bilresor lika bra som en viss cd, vilken de associerade med de musikkurser för föräldrar och spädbarn som de deltagit i tidigare. Cd:n fungerade lika bra även lång tid efter att kurserna hade slutat. Den här effekten tillskrev de inte innehållet på cd:n i sig, utan till den kraft som minnet av den positiva upplevelsen under kurserna gav, och som barnet kunde återuppleva när det lyssnade på inspelningen. Slutsatsen som kan dras av detta är att skapandet av positiva musikaliska erfarenheter även med mycket små barn kan ge möjlighet att återvända till samma stämning senare i en annan kontext genom att använda samma musikaliska material, antingen live eller genom att använda en inspelning av denna musik.

Avslutning och råd till lärare

Det vi kan lära oss från systematiska experiment och observationer av spädbarn är att vi inte bör underskatta deras musikaliska och kognitiva förmågor. Eftersom spädbarn utvecklar sin förmåga att skapa musik mycket senare än sin förmåga att uppfatta musik finns det en tendens att avfärda och förbise hur mycket spädbarn faktiskt kan förstå när det gäller musik.

Det finns mycket starka bevis som stöder tanken om att alla spädbarn föds musikaliska eller åtminstone med anlag för att bli musikaliska varelser. Den som tar hand om spädbarn och småbarn bör dock vara medveten om att individer kan följa olika spår i sin musikaliska utveckling och att dessa skillnader måste respekteras snarare än att användas för att stämpla vissa spädbarn som musikaliska och andra som omusikaliska.

Med avseende på att främja musikalitet är det viktigt att föräldrar och musiklärare försöker att hitta någon form av balans när det gäller att närma sig små barns musikundervisning. Den bästa strategin för att uppmuntra barnet att växa musikaliskt är förmodligen att försöka hitta en avvägning mellan barnets fria musikaliska utforskande och en stimulerande utbildningsmiljö. För mycket fokus på formell utbildning under den tidiga barndomen kan begränsa barnets potential för musikalisk utveckling. Å andra sidan kan barnen gå miste om vissa möjligheter om de inte har en rik musikalisk omgivning under de tidiga åren. Detta är sant både vad beträffar exponering genom avslappnad musiklyssning och genom stimulerande musikalisk kommunikation med vuxna och äldre barn.

Det finns olyckligtvis ingen trollformel för att uppnå den här balansen. Storleksförhållandet mellan den fria utforskningen och en mer strukturerad utbildningsmiljö måste variera beroende på individens behov – eftersom varje individ är unik – och beroende på kulturkontexten.

Icke desto mindre skulle riktlinjer som sattes utifrån forskningsresultat rekommendera att spädbarn förses med en rik musikalisk miljö som stöder spädbarnets naturliga benägenhet att förvärva musikaliska element i sin kultur och kanske till och med bortom den kulturen. Detta skulle kunna inbegripa att lägga till en varierad repertoar av tonaliteter och rytmer från främmande kulturer till organiserade musikaliska upplevelser. Sådana riktlinjer skulle också råda de som har hand om barnet att systematiskt ge akt på spädbarns förmåga att livas upp och lugnas ner av musik både genom passivt lyssnande och i form av en aktivitet att delta i. Det musikaliska materialets kraft att påverka och reglera humöret hos spädbarn och småbarn kan stärkas ytterligare genom skicklig användning av material som tidigare kopplats till positiva musikupplevelser de haft ihop med andra. Slutligen skulle föräldrar och de som tar hand om barnen rådas att utnyttja spädbarnens medfödda behov att kommunicera musikaliskt genom musikaliska handlingar i sociala situationer och att förbli medvetna om den stora potential för social anknytning som är inneboende i gemensamma musikupplevelser.

Litteratur

Adachi, M. & Trehub, S. E. (2012). Musical lives of infants. I: G. McPherson & G. Welch (red.) *The Oxford handbook of music education*. Oxford/New York: Oxford University Press.

Bahrick, L. E. & Pickens, J. N. (1995). Infant memory for object motion across a period of three months: implications for a four-phase attention function. *Journal of Experimental Child Psychology*, 59 (3), s. 343–371.

Bjørkvold, J.-R. (1989). *Det musiske menneske: barnet og sangen, lek og læring gjennom livets faser* (4 uppl.). Oslo: Freidig.

Cross, I. & Morley, I. (2008). The evolution of music: theories, definitions and the nature of the evidence. I: S. Malloch & C. Trevarthen (2009). *Communicative musicality: exploring the basis of human companionship*, s. 61–82. New York: Oxford University Press.

Custodero, L. (2006). Singing practices in 10 families with young children. *Journal of Research in Music Education*, 54 (1), s. 37–56.

Custodero, L., Britto, P. & Brooks-Gunn, J. (2003). Musical lives: a collective portrait of American parents and their young children. *Journal of Applied Developmental Psychology*, 24 (5), s. 553–572. doi: DOI 10.1016/j.appdev.2003.08.005.

Davidson, L., McKernon, P. & Gardner, H. (1981). The acquisition of song: a developmental approach. I: *Documentary report of the Ann Arbor symposium*. Reston: Music Educator National Conference, s. 301–315.

de Vries, P. (2005). Lessons from home: scaffolding vocal improvisation and song acquisition with a 2-year-old. *Early Childhood Education Journal*, 32 (5), s. 307–312.

DeCasper, A. & Fifer, W. (1980). Of human bonding : newborns prefer their mothers' voices. *Science*, 208 (4448), s. 1174–1176. doi: 10.1126/science.7375928.

DeCasper, A. & Spence, M. (1986). Prenatal maternal speech influences newborns' perception of speech sounds. *Infant Behavior & Development*, 9 (2), s. 133–150. doi: 10.1016/0163-6383(86)90025-1.

Dissanayake, E. (2000). *Art and intimacy: how the arts began*. Seattle: University of Washington Press.

Dissanayake, E. (2009). The artification hypothesis and its relevance to cognitive science, evolutionary aesthetics, and neuroaesthetics. *Cognitive Semiotics*, 9 (5), s. 136–158.

Fifer, W. P. & Moon, C. (1988). Auditory experience in the fetus. I: W. P. Smotherman & S. R. Robinson (red.) *Behavior of the fetus*. Caldwell, NJ: Telford Press, s. 175–188.

Flowers, P. J., & Dunne-Sousa, D. (1990). Pitch pattern accuracy, tonality, and vocal range in preschool children's singing. *Journal of Research in Music Education*, 38, s. 102–114.

Gerry, D., Unrau, A. & Trainor, L. (2012). Active music classes in infancy enhance musical, communicative and social development. *Developmental Science*, 15 (3), s. 398–407. doi: 10.1111/j.1467-7687.2012.01142.x.

Gomez, P. & Danuser, B. (2007). Relationships between musical structure and psychophysiological measures of emotion. *Emotion*, 7 (2), s. 377–387.

Gordon, E. (2003). *A music learning theory for newborn and young children*. Chicago: Gia Publications.

Gudmundsdottir, H. R. & Gudmundsdottir, D. G. (2010). Parent–infant music courses in Iceland: perceived benefits and mental well-being of mothers. *Music Education Research, Special issue: Early Childhood Music Education*, 12 (3), s. 299–309.

Gudmundsdottir, H. R. (2011). *Signs of musical behaviour and infant participation in music classes for eight- to nine-month-old infants with their parents*. Avhandling presenterad vid 5th Conference of the European Network of Music Educators and Researchers of Young Children, Helsingfors, Finland.

Gudmundsdottir, H. R. (2012). *The mesmerizing appeal of the baroque dance: Non-walking infants' responses to a dance ritual in a parent-infant music class*. Avhandling presenterad vid McMaster Institute for Music and the Mind NeuroMusic Conference: Come dance with me: Movement control in brain and body, McMaster University, Hamilton, Ontario, Kanada.

Hannon, E. E. & Trehub, S. E. (2005). Metrical categories in infancy and adulthood. *Psychological Science*, 16 (1), s. 48–55.

Hepper, P. (1991). An examination of fetal learning before and after birth. *Irish Journal of Psychology*, 12 (2), s. 95–107.

Hepper, P. (1996). Fetal memory: does it exist? What does it do? *Acta Paediatrica*, 85, s. 16–20. doi: 10.1111/j.1651-2227.1996.tb14272.x.

Ilari, B. & Polka, L. (2006). Music cognition in early infancy: infants' preferences and long-term memory for Ravel. *International Journal of Music Education*, 24 (1), s. 7–20. doi: DOI 10.1177/0255761406063100.

Keith, D. R., Russell, K. & Weaver, B. S. (2009). The effects of music listening on inconsolable crying in premature infants. *Journal of music therapy*, 46 (3), s. 191–203.

Kelley, L. & Sutton-Smith, B. (1987). A study of infant musical productivity. I: J. C. Peery, I. W. Peery & T. W. Draper (red.) *Music and child development*. New York: Springer-Verlag, s. 35–53.

Kirschner, S. & Tomasello, M. (2010). Joint music making promotes prosocial behavior in 4-year-old children. *Evolution and Human Behavior*, 31 (5), s. 354–364.

Kreutzer, N. J. (2001). Song acquisition among rural Shona-speaking Zimbabwean children from birth to 7 years. *Journal of Research in Music Education*, 49 (3), s. 198–211.

Malloch, S. & Trevarthen, C. (red.) (2009). *Communicative musicality: exploring the basis of human companionship*: New York: Oxford University Press.

Malloch, S. (2000). Mothers and infants and communicative musicality. *Musicae scientiae*, 2 (2; SPI), s. 29–58.

Masataka, N. (1999). Preference for infant-directed singing in 2-day-old hearing infants of deaf parents. *Developmental psychology*, 35 (4), s. 1001.

McKernon, P. E. (1979). The development of first songs in young children. *New Directions for Child and Adolescent Development*, 3, s. 43–58.

Moog, H. (1976). *The musical experience of the pre-school child*. London: Schott Music.

Moon, C., Cooper, R. & Fifer, W. (1993). 2-day-olds prefer their native language. *Infant Behavior & Development*, 16 (4), s. 495–500. doi: 10.1016/0163-6383(93)80007-U.

Nawrot, E. S. (2003). The perception of emotional expression in music: evidence from infants, children and adults. *Psychology of Music*, 31 (1), s. 75–92.

Parncutt, R. (2006). Prenatal development. I: G. McPherson (red.) *The child as musician: a handbook of musical development*. Oxford/New York: Oxford University Press.

Phillips-Silver, J. & Trainor, L. J. (2005). Feeling the beat: movement influences infant rhythm perception. *Science*, 308 (5727), s. 1430.

Saffran, J. R., Loman, M. M. & Robertson, R. R. W. (2000). Infant memory for musical experiences. *Cognition*, 77 (1), s. B15–B23.

Stadler-Elmer, S. (2012). Characteristics of early productive musicality. *Problems in music pedagogy*, 10, s. 9–23.

Sundin, B. (1998). Musical creativity in the first six years. I: B. Sundin, G. E. McPherson & G. Folkestad (red.) *Children composing: research in music education*, 1, s. 35–56. Lund: Musikhögskolan i Malmö, Lunds universitet.

Trainor, L. J., Wu, L. & Tsang, C. D. (2004). Long-term memory for music: infants remember tempo and timbre. *Developmental Science*, 7 (3), s. 289–296.

Trehub, S. E. (2003a). The developmental origins of musicality. *Nature Neuroscience*, 6 (7), s. 669–673. doi: 10.1038/nn1084.

Trehub, S. E. (2003b). Toward a developmental psychology of music. *Annals of the New York Academy of Sciences*, 999, s. 402–413.

Trehub, S. E. (2004). Musical beginnings in infancy. *International Journal of Psychology*, 39 (5–6), s. 119–119.

Trehub, S. E. (2006a). Musical predispositions in infancy. *Annals of the New York Academy of Sciences*, 930 (1), s. 1–16.

Trehub, S. E. (2006b). Infants as musical connoisseurs. I: G. McPherson (red.) *The child as musician: a handbook of musical development*. Oxford/New York: Oxford University Press, s. 33–49.

Trehub, S. E. (2010a). Communicative musicality: exploring the basis of human companionship. *Psychology of Music*, 38 (4), s. 499–502. doi: 10.1177/0305735609358254.

Trehub, S. E. (2010b). Musicality in the eye or ear of the beholder. *Psychology of Music*, 38 (4), 499–502.

Trehub, S. E., Hill, D. S. & Kamenetsky, S. B. (1997). Parents' sung performances for infants. *Canadian Journal of Experimental Psychology-Revue Canadienne De Psychologie Experimentale*, 51 (4), s. 385–396.

Welch, G. F., Rush, C. & Howard, D. M. (1991). A developmental continuum of singing ability: evidence from a study of five-year-old developing singers. *Religious Education*, 69 (1), s. 107–119.

Welch, G. F., Saunders, J., Papageorgi, I., & Himonides, E. (2012). Sex, Gendergender and Singing Development: Making a Positive Difference to Boys' Singing Through a National Programme in England. I: *Perspectives on Males and Singing* (s. 27–43). Springer Netherlands.

Welch, G. F., Sergeant, D. & White, P. (1996). The singing competences of five-year-old developing singers. *Bulletin of the Council for Research in Music Education*, 127, s. 155–162.

Welch, G. F. (1998). Early childhood musical development. *Research Studies in Music Education, 11* (1), s. 27–41.

Welch, G. (2006). Singing and vocal development. I: G. McPherson (red.) *The child as musician: a handbook of musical development*. Oxford/New York: Oxford University Press, s. 311–329.

Whiteman, P. J. (2001). How the bananas got their pyjamas: a study of the metamorphosis of preschoolers' spontaneous singing as viewed through Vygotsky's zone of proximal development. Sydney: University of New South Wales.

Wilcox, T. (1999). Object individuation: infants' use of shape, size, pattern, and color. *Cognition*, 72 (2), s. 125–166. doi: 10.1016/S0010-0277(99)00035-9.

Wilkin, P. E. (1995). A comparison of fetal and newborn responses to music and sound stimuli with and without daily exposure to a specific piece of music. *Bulletin of the Council for Research in Music Education*, 127, s. 163–169.

Winkler, I., Háden, G. P., Ladinig, O., Sziller, I. & Honing, H. (2009). Newborn infants detect the beat in music. *Proceedings of the National Academy of Sciences*, 106 (7), s. 2468–2471.

Young, S. (2002). Young children's spontaneous vocalizations in free-play: observations of two-to three-year-olds in a day-care setting. *Bulletin of the Council for Research in Music Education*, 152, s. 43–53.

Zentner, M. & Eerola, T. (2010). Rhythmic engagement with music in infancy. *Proceedings of the National Academy of Sciences*, 107 (13), s. 5768–5773.

SAKREGISTER